LA BIBLIOGRAPHIE POLITIQVE DV S^r. NAVDE'.

Contenant les liures & la methode neceſſaires à eſtudier la Politique.

Auec vne Lettre de Monſieur Grotius, & vne autre du ſieur Haniel ſur le meſme ſubiet.

Le t   aduit du Latin en François.

A PARIS,

Chez la veſue de GVILLAVME PELE', ruë S. Iacques à la Croix d'or.

M. DC. XLII.

Auec Priuilege.

A MONSIEVR
DE LA GRANGE
IVGVENAY.

ONSIEVR,

Puiſque c'eſt par voſtre moyen que le liure de la Bibliographie Politique de Monſieur Naudé, eſt venu premierement à ma cognoiſſance, il eſt bien raiſonnable que ie ſatisfaſſe au deſir que vous auez de ſçauoir ce qu'il contient. Il eſt vray que ie m'acquitte de ceſte obligatiõ, vn peu plus tard que ie ne vous auois promis: mais auſſi vous trouuerez icy beaucoup plus que vous ne m'auiez demandé. Car pour vn ſimple Catalogue des liures de ceſte Bibliographie, que vous vouliez auoir, ie vous enuoye le liure tout traduit. En effet ne conte-

uant que les noms, & le iugement que
Monfieur Naudé faict des Autheurs qui
peuuent feruir à eftudier la Politique,
auec l'ordre felon lequel ils doiuent eftre
leuz; ie n'ay pas cru que l'vn vous deuft
eftre vtile fans l'autre, & c'eft ce qui m'a
faict refoudre à vous en donner vne traduction entiere. Quoy qu'en cela i'aye
faict plus que vous ne defiriez, ie me gar-
deray bien pourtant de croyre que ce foit
affez pour fatisfaire aux obligations que
ie vous ay; principalement à celle du fou-
uenir que vous auez eu de mon cabinet
en voftre voyage d'Italie, d'où vous a-
uez apporté tant de beaux liures pour
l'enrichir. Ie vous en remercie de tout
mon cœur, & fouhaiterois auoir de quoy
vous en faire vne iufte retributiõ. Mais
puis que vous m'auez reduit à vous payer de la monnoye mefme que i'ay eue de
vous, ie fuis bien fafché qu'il faille que
vous la receuiez auec de la diminution;
& comme fi elle auoit paffé par les mains
des faux monnoyeurs, que vous la trou-
uiez empirée, & priuée de la bonté de
fon tiltre, de fon poids, & de fes autres

plus excellentes qualitez. C'eſt vn vice
du temps, mais encore dauantage de mon
eſprit, plus capable de gaſter que de rendre meilleur ce qu'il manie. Quelque def-
fectueuſe pourtant que ſoit ma verſion,
vous ne laiſſerez pas d'y reconnoiſtre que
ce n'eſt pas ſans ſubiet que vous auez veu
les Italiens attendre auec tant d'impa-
tience la publication de cet ouurage. Et
bien que vous n'ayez pas la connoiſſance
des langues de tous les Autheurs qui s'y
trouuent nommez, dont neantmoins la
plus part ſont traduits aux langues vulgaires, vous y en rencontrerez pourtant
aſſez de François, d'Italiens, & d'Eſpagnols, pour vous rendre vn grand
Politique, ſi vous voulez vous donner
la peine de les rechercher, & de les feuil-
leter. Vous y verrez ſemblablement en
aſſez mauuaiſes rithmes Fraçoiſes le ſens
des vers latins que M. Naudé a ſemez cō-
me de belles fleurs en diuers endroits de
ſon diſcours. Ce que i'ay faict non pas a
deſſein de paſſer pour Poëte, mais pour n'y
laiſſer rien dōt vous puiſſiez deſirer l'in-
telligēce. Apres tout pour ſuppleer enco-

re en quelque façon a mes deffauts i'ad-
iouste à la Bibliographie de Monsieur
Naudé, comme estant de la mesme ma-
tiere, la traduction d'vne lettre de Mon-
sieur Grotius à Monsieur du Menrier
Ambassadeur pour le Roy en Hollande,
& l'extraict en François d'vne autre
lettre du sieur Haniel, au sieur Vvitten,
Conseiller de Meclebourg, qui contien-
nent des methodes particulieres d'estu-
dier entre autres choses la Politique. Si
en cela vous ne trouuez pas encore de-
quoy vous satisfaire, contentez vous au
moins de la protestation que ie fais d'e-
stre toute ma vie,

MONSIEVR,

Vostre tres-humble seruiteur
CHALLINE.

Priuilege du Roy.

LOVIS PAR LA GRACE DE DIEV, ROY DE FRANCE ET DE NAVARRE. A nos amez & feaux Conseillers les gens tenans nos Cours de Parlement, & tous autres nos Iusticiers & Officiers qu'il appartiendra, Salut. Nostre cher & bien amé CHARLES CHALLINE, Escuyer Sieur de Messalain, nostre Conseiller & Aduocat, & de nostre tres-cher Frere le Duc d'Orleans, au Bailliage & siege Presidial de Chartres, nous a faict tres-humblement remonstrer qu'il a traduit de Latin en François vn liure composé par le Sieur NAVDE', intitulé BIBLIOGRAPHIE POLITIQVE, contenant les liures & la methode d'estudier en ceste science; ensemble vn Panegyrique de la ville de Chartres prononcé par ledit Challine, qu'il desireroit faire imprimer s'il auoit sur ce nos Lettres necessaires qu'il nous à tres-humblement supplié luy accorder. A ces causes pour traiter fauorablement ledit exposant, qui a pris la peine de traduire vne piece si necessaire en nostre langue, Nous luy auons permis & permettons par ces presentes, de faire imprimer par tel Libraire que bon luy semblera lesdites pieces, conioinctement, ou separement, en telles marges & caracteres qu'il iugera bon estre, & autant de fois qu'il voudra durant l'espace de cinq ans entiers & accomplis, faisant tres expresses deffences à toutes personnes de quelque qualité ou condition qu'elles soient, d'imprimer, faire imprimer, vendre, ou debiter lesdites pieces durant ledit temps, sans le consentement de l'exposant, ou du Libraire qui aura droict de luy, sous quelque pretexte que ce soit, à peine de mil liures d'amende, de

confiscation des exemplaires contrefaicts, & de
tous despens dommage & interests, à condition
qu'il en sera mis deux exemplaires en nostre Bibliotheque publicque, & vn en celle de nostre tres-
cher & feal le sieur S E G V I E R, Cheualier, Chancelier de France, auant que les exposer en vente, à
peine de nullité des presentes. Du contenu desquelles voulons que mettant au commencement
ou à la fin desdites pieces vn brief extraict des presentes, elles soient tenues pour deuement signi-
fiées. Si mandons au premier nostre Huissier ou
Sergent sur ce requis, de faire pour l'execution
des presentes, tous exploits necessaires, sans de-
mander aucune permission. Car tel est nostre plaisir, nonobstant oppositions ou appellations quel-
conques, & sans preiudice d'icelles, clameur de
Haro, Chartre, Normande, & autres choses à
ce contraires. Donné à Paris le 7. iour de Ianuier
1642. & de nostre Regne le trente. deux.

Par le Roy en son Conseil.

DENISOT.

LA BIBLIOGRAPHIE POLITIQVE DV SIEVR NAVDE'.

Contenant la methode pour eſtudier la Politique.

Auec vne Lettre de Monſieur Grotius, & l'Extraict d'vne autre du ſieur Hamel ſur le meſme ſubiet.

Le tout traduit de Latin en François par C C E. S. D. M.

A PARIS,

M. DC. XLII.

LA BIBLIOGRAPHIE POLITIQVE DV SIEVR NAVDE'.

A MONSIEVR GAFAREL, Prieur de S. Gille & Protonotaire du Pape.

MONSIEVR,

Parce que vous sçauez, pour l'auoir assez souuent experimenté, que i'ay la cognoissance de diuers Liures, & de quantité d'Escriuains, vous me demãdez, & m'en pressez mesme auec grande vehemence par beaucoup de lettres que ie reçois continuellement de vostre part, que ie vous enuoye les noms,

ou pluſtoſt l'œconomie de ceux que
i'eſtime eſtre vtiles au deſſein que
vous auez d'eſtudier comme il faut,
& auec methode la ſcience Politique : Et pour dire la verité, encore
que vous n'en parlaſſiez point, chacun voit bien maintenant combien
ceſte ſcience vous eſt neceſſaire,
puiſque perſonne n'ignore, que non
ſeulement, comme parfaitement
orné de la cognoiſſance des arts liberaux, & meſmement de la langue
Hebraïque, mais comme eſtant na-
turellement enrichi de ſciences, &
pour auoir appris auec vn ſoing tres-
diligent toutes ſortes de diſciplines,
vous n'ayez eſté choiſi entre beaucoup d'autres, par Monſieur de la
Thuillerie Ambaſſadeur du Roy
vers la Sereniſſime Republique de
Veniſe, pour communiquer auec
luy des affaires importantes de ſa
charge,& pour l'entretenir aux heu-
res de relaſche de ce qu'il y a de plus
curieux dans les bonnes lettres.
Pour moy qui ne me recognois pas

tel que le defir d'auoir ce que vous me demandez auec tant d'ardeur, ou la reciproque amitié qui touf-jours a efté entre nous, veulent que ie fois; ie demeure l'efprit en fufpens ne fçachant à quoy me refoudre. Ie me fens veritablement tres chetif, & tres pauure, quoy que ie fois tres dif-pofé & tres prompt à vous rendre toute forte de feruice : car encore qu'il fuft vray que l'ardente amour des liures qui m'a trauaillé dés mes plus tendres années, & m'a donné vne forte inclination à les recher-cher; & la charge encore de Biblio-tecaire qui m'a dés il y a long-temps efté donnée par Monfieur le Prefi-dent de Mefmes, & depuis par Mon-feigneur l'Eminentiffime Cardinal de Bagny mon tres liberal Mecene & bienfacteur, m'euffent acquis quelque legere cognoiffance des Autheurs, neantmoins eftant depuis deux ans efloigné du Cabinet des liures que i'ay a Paris, & des Biblio-tequesbien remplies deMeffieurs les

6

Dupuis, Moreau, de Cordes; & de
mes autres amis; & mesme estant se-
paré de celles qui sont en si grand
nombre, & si bien fournies dans la
ville de Rome; comment se pourroit
il faire, que ie me peusse ressouuenir
de tant de noms, & de tant de tiltres
differens que le plus habille homme
du monde estant mesme aydé par la
memoire artificielle, & les maniant
tous les iours pourroit à peine rete-
nir? Mais encore comment pourrois ie satisfaire à vostre desir, estant
à present en la ville de Ceruie, qui
estoit anciennement appellée Cere-
uia & Phicocle, & viuant en vn lieu
où il y a grande disette non seulement de liures, & d'hommes sçauans
par lesquels ie peusse estre en quelque sorte secouru dans ceste entreprise, mais mesme de toutes choses,
reserué de sel qui s'y faict en grande
abondance de l'eau de la mer que
l'on conduit ingenieusement par
certains canaux dans de petites fos-
ses quarées, ou l'on la laisse exposée

aux plus ardentes chaleurs du Soleil, & à vn petit vent qui vient puis
apres à foufler deſſus. Et parce qu'il
s'en faict vn grand debit dans toutes
les terres du Pape, les habitans de ce
pays icy s'occupent ſeulement à ceſte beſogne, ne tenant conte de tous
les autres Arts, ny de toutes les autres diſciplines neceſſaires à la vie.
Mais bien que ie me trouue empeſ-
ché par toutes ces difficultez, neantmoins lors qu'il me reſſouuient de
voſtre tres agreable conuerſation, &
de voſtre amitié, ie ne puis que ie ne
face tous mes efforts pour les ſur-
monter, de crainte qu'il ne ſemble
que i'aye voulu repaiſtre de vaines
promeſſes, ou affliger par vne trop
longue attente vne perſonne à qui ie
ne puis rien refuſer, & à qui tres librement ie me voudrois donner
moy-meſme. Imitant donc les anciens Romains qui ne pouuant baſtir
leur Ville de pierre, ſe contenterent
de la faire de brique ; ou ces Bergers
qui conſacrant à Mercure vne ima-

A iiij

ge de marbre blanc, y attacherent
vne tablette auec ceste inscription.

Si fœtura gregem suppleuerit, aureus
esto.

c'est à dire,

Si nos brebis tres-bien nouries
En remplissant nos bergeries
Vont augmentant nostre thresor,
Pour vne si bonne aduanture
Tu te peus asseurer Mercure
Que nous te ferons de pur or.

Ie choisiray plustost de paroistre peu
sçauant deuant les autres, que peu
recognoissant enuers vous, espui-
sant à cet effect tout le thresor de ma
memoire, non pas en intention de
vous rendre plus riche en terres, ou
en rentes constituées, mais seulement en bons Liures des plus excellens Politiques, qui, selon que ie le
vous souhaitte, puissent vous acquerir la reputation d'homme tres-sage
& tres sçauant, auec les honneurs
qui pour l'ordinaire ont accoustumé de l'accompagner.

Puisque les preceptes de la vie Ci-

uile que les Grecs appellent politique, selon la meilleure diuision des
sciences, suiuent les parties de la
Philosophie Morale, qui dans les es-
choles & dans les liures des Philosophes, sont ordinairement enseignees
soubs les noms de l'Etique & de l'Oe-
conomique, & qu'il paroist par les histoires que iamais personne ne s'est
employé plus heureusement à manier les affaires publiques, que celuy
qui premieremét asceu se bien gouuerner soy-mesme ; & bien conduire
sa famille : afin que des estudes toutes crües ne soyent pas enuoyees &
portees dans les cours des princes; &
que des hômes qui n'ont pas de pouuoir sur eux mesmes, & qui ne sçauét
pas le cognoistre, ne soient pas reue-
stus de la science politique, qui est la
plus releuée & la plus difficile de toutes les sciences , certes il est tres rai-
sonable de cômencer les institutiôs
politiques par cette premiere partie
de la Philosophie Morale, qui comme l'vnique gouuernante & la seule

maiſtreſſe de la vie des hõmes aduer-
tit chacun de ſa charge & de ſon deuoir; qui retient dans vne ferme aſ-
ſiette la volonté lors qu'elle eſt agi-
tee par les boüillons de la cholere;
qu'elle eſt enuelopee dans les lacs
delicieux des voluptez & que les diuers mouuements des paſſions la
font floter çà & là; qui explique ce
qui ſe doit obſeruer entre les peres
& les enfans, entre les maris & les
femmes, entre les freres, les couſins,
les amis, les citoyens, & generalement entre tous les hommes ; enfin
qui enſeigne & qui rend manifeſte
par ſes diſputes la nature de la Force,
de la Temperance, de la Liberalité,
de la Iuſtice, & de toutes les autres
vertus, afin qu'ayant auec cela vne
pleine inſtruction de ce qui concerne la Politique, il ne manque plus
rien à la perfection d'vn homme ; ſa
volonté ſe trouuant ainſi par tels
preceptes confirmee dans la cognoiſſance du bien & du mal, & ſon
entendement, ce qu'il faut ſupoſer,

estant suffisamment instruit à discer-
ner le vray d'auec le faux par les enseignements de la Dialectique.

Encore que beaucoup d'entre les
anciens philosophes se soyent rendu
celebres par ceste reigle des mœurs,
& par ceste medecine des plus excellentes ames, comme entre les autres Socrate qui le premier auec vn
heureux effort a passé de l'obscurité
de la nature à la contemplation des
mœurs ; & ceux-cy qui sont sortis de
son eschole, sçauoir Xenophō &Pla-
ton qui ne sont pas plus recommen-
dables par les loüanges que leur eloquence leur a faict meriter, que par la
grauité de leurs mœurs, qui leur à
esté commune: Xenocrate, de la con-
tinence duquel la courtisane Phtriné
elle mesme a rendu tesmoignage,
comme Alexandre l'a faict de sa fru-
galité, & du mespris qu'il faisoit de
l'argent,& tout le peuple d'Athene
de sa fidelité & de sa Iustice. Enfin
Calistene, Epictete, Mussonius,Plu-
tarque & les autres ; Ie ne puis pour-

tant dire par quelle mauuaiſe fortune il eſt ariué que les preceptesqu'ils
ont donné de cette matiere nous ont
eſté preſque tous oſtéspar l'iniure du
temps; de ſorte que ſi vous en excep-
tés le ſeul Ariſtote, il ne reſte pas vn
de tous les anciens de qui nous puiſ-
ſions voir le plan de ceſte ſcience, ny
apprendre rien qui en ayt eſté eſcrit
auec ordre & auec methode. Car ie
ne ſuis pas de l'opinion de ceux qui
tiennent que Platon dans les liures
qu'Ariſtote, Teophraſte, Ciceron,
Macrobe, & les autres appellent Politiques, n'a pas tát eſcrit de la Republique côme de la Iuſtice, nous ayát
enſeigné dãs ces liures la, quelle force elle a, quelle eſt ſa nature, que de
ſa pratique, & en public, & enparticu-
lier toutes ſortes de biés arriuẽt aux
hommes; comme au contraire que
tous les maux ſont reſpandus ſur eux
parl'iniuſtice. Tant s'en faut ie tiens
que tout ce que cét Autheur nous a
laiſſé concernant les mœurs des particuliers eſt contenu dans le Mem-

ñon. l'Eutyphon, le Philebus, & le Criton : tous ses autres liures comme les Dialogues des loix & de la Republique n'ayant point d'autre obiect que de former les mœurs publiques. Au regard d'Aristote il a compris tout ce qui concerne la perfection de ceste doctrine dans diuers ouurages dont il n'est venu iusques a nous que les dix liures des Etiques à Nicomachus, les sept à Eudemon, & les deux qui vulgairement sont appellés les grandes Morales, ausquels par la grande diligence qu'ont employee quelques doctes hommes du siecle passé à rechercher les œuures des anciens, a esté adiousté le liure des vertus, premierement imprimé en Grec, & depuis en Latin, enrichi des commentaires de Iustus Volsius tres-docte personage : Tous les liures precedans peuuent estre comblez d'vn surcroist qui ne sera pas mesprisable, si l'on y adiouste ce qu'ont escrit de la mesme matiere, Teophraste excellent peintre, & censeur des vices ; Seneque qui en ses liures est plus esmeu & plus remply de chaleur ; Plutarque plus posé, & mieux ordonné ; Aphrodisée qui, comme il a esté bien seant à vn interprete d'Aristote, examine chaque chose auec plus de subtilité & plus de clarté que les autres. Enfin Epictete en son Enchiridion, & tous les Autheurs qui sans que i'en eusse beaucoup de volonté se trouuent auoir esté publiés, partie en Grec, partie en Latin sous le tiltre de l'Abregé de la vie & de la mort ; (*Compendium vitæ & mortis.*) Outre lesquels peuuent encore beaucoup seruir les quatre liures, qui pour la seule excellence des preceptes qu'ils contiennent concernans les mœurs, ont iustement merité d'auoir rang entre les liures sacrez, sçauoir les Prouerbes de Salomon, l'Ecclesiaste, la Sapience, & l'Ecclesiastique, dont la doctrine est si generale & si conuenable à vn chacun, & la mo-

thode si exacte, que l'on en peut di-
te comme de l'Oraison Dominicale,
qu'ils sont vtiles à toutes sortes de
personnes, aux Chrestiens, aux Payens, aux Philosophes, aux Reli-
gieux, aux Deuots, & aux Impies.
Voila pourquoy l'õ ne peut pas sans
crime les obmettre en ce denombrement de liures, veu mesmement
qu'ils fournissent d'vne grandé quã-
tité de belles sentences, dont vn
homme graue se seruant à propos,
soit en parlant, soit en escriuant, se
peut acquerir beaucoup d'authorité. Encore qu'entre les modernes
il y ait presque vn nombre infiny
d'autheurs qui ont escrit de la Morale, ie fais estat neantmoins d'en remarquer peu, croyant que c'est assés
si à l'imitation de quelque Hodius,
ou de quelque Hegemonius, ie monstre auec le doigt les principaux
chemins, Ce que ie fais auec d'autant plus de confiance que ie sçay
que quiconque se sera bien instruit
en la doctrine des anciens autheurs

se pourra facilement passer des autres, ou pour le moins s'en seruir
sans y apporter le mesme choix que
l'on a de coustume d'employer auec
diligēce aux autreseftudes.Ilfera bõ
pourtant de s'atacher de bõne heure
aux meilleurs, comme peuuent estre
Adouardus, Gualandus, François, &
Alexandre les Picolomini,qui ont
traicté de ceste science entiere d'vne
façon plus noble & plus exquise, &
auec vne plus grande force d'esprit
que tous les autres; sçauoir les deux
premiers en latin, veritablement,
mais comme il me semble d'vn stile
qui n'est pas beaucoup releué, & le
dernier en Italien d'vne façon elegante, & selon sa coustume pleine de
grandeur & de maiesté. Pour ceste
cause ie compare tres volontiers à
cet autheur deux tres-illustres Pre-
lats François du Vair,&Coeffeteau;
pour Michel de Montagnes, comme ses essais sont remplis d'vne plus
grande abondance de sentences &
qu'à la façon de Seneque il frappe
plus

plus souuent, il est aussi beaucoup au dessous en ce qui est de l'ordre & de la pureté. Au regard de Pierre Charon, ie l'estime en cela plus sage que Socrate, que le premier auec vne methode tout à faict admirable, & auec vne grande doctrine, & vn grand iugement, il a reduit en art les preceptes de la sagesse mesme. Il est vray que son Liure nous donne tout à la fois Aristote, Seneque, & Plutarque, & qu'il contient en soy quelque chose de plus diuin, qu'auant luy n'ont eu tous les anciens & tous les modernes. Pitard & Marandé ont semblablement merité quelque loüange, ayans comme les precedans employé les richesses de nostre langue à traicter de la Philosophie morale. Ie serois trop long si ie voulois rapporter ce que les autres nations ont faict en leur langue sur ceste matiere; i'aduertis seulement que Sebastianus Foxius, Morzilius, Louis Viues, Erasme de Roterdam, & Iouianus Pontanus, tous hommes qui auoient l'esprit bien faict, ont escrit beaucoup de belles choses de ceste science, & qui serõt tousiours tres profitables à tous ceux qui veulent estre parfaictement instruits à la Morale. Thomas Campanella nostre amy suiuant la doctrine de ses principes ou primalitez, à semblablement composé vne nouuelle Ethique, laquelle sous le tiltre d'Epilogisme, à esté imprimée auec sa Physique, & sa Politique, par Thobias Adam, dont le stile veritablement n'est pas assez poli pour plaire à ceux qui aiment l'elegance de Ciceron, mais dont les pensées sont si nobles, & les raisons si subtilles, qu'elle ne peut manquer d'estre tres agreable à tous ceux qui font profession de la sagesse. Vn certain Alemand dont i'ay laissé le nom & les liures à Paris, lors que i'en suis forty, a faict vn discours des passions de l'Esprit, mais la mesme matiere auoit auparauant esté traitée par Altisius Lusinus dans vn petit ouurage tres elegant. *De*

compescendis animi affectibus per Mora-
lem Philosophiam & medendi artem.
Des moyens d'apaiser les passions
de l'esprit par la Philosophie Morale,
& par la Medecine, comme aussi Iuste Lipse dans son liuret de la constance; ou comme dans la Cassette
de Darius, il a renfermé auec vn ar-
tifice admirable, tout ce qu'il auoit
de plus precieux, sçauoir l'elegance, & toutes les perles de son esprit,
& de son iugement. Deuant tous
ceux-là, c'est à dire l'an 1255. Vincent de Beauuais auoit publié son
Miroir Moral, auec vne aussi grande
abondance de paroles; mais auec
vne bien plus graue, & bien plus solide doctrine, qu'il n'auoit pas faict
auparauant ses Miroirs, Doctrinal,
Historial, & Naturel, ce qui à donné lieu à ceste difficulté, laquelle à
peine se peut resoudre que tout ce
qui est contenu dans ce Miroir Moral, est presque en mesme mots dans
la premiere partie, & dans la seconde de la seconde de S. Thomas, mais

B ij

n'eſtant pas neantmoins à propos de
croire que cét Angelique Docteur
ait emprunté la ſeconde Partie, & la
plus excellente de ſa Somme d'vn
autre Autheur ; Bellarmin apres a-
uoir trauaillé ſur la reſolution de ce
doute, s'arreſte enfin à croire, que ce
Miroir Moral n'eſt pas de Vincent
de Beauuais, mais qu'il eſt d'vn autre
Autheur plus ieune, qui peut-eſtre
s'appelloit auſſi Vincent, qui pour
quelque raiſon que l'on ne ſçait pas,
a voulu changer ceſte ſeconde Partie de S. Thomas, & l'ayant arrachée
de ſon lieu propre, a eu aſſez de har-
dieſſe pour ſe l'approprier à luy meſme. Ce ſont là les Autheurs dont il
me ſouuient à preſent, qui d'eux meſmes & par leurs inuentions propres,
auec beaucoup d'eſprit & d'induſtrie ont cultiué ceſte partie de la
Philoſophie qui côcerne les mœurs:
Mais il y en a d'autres qui ſe defiant
de leur propres forces, ou eſmeus
par quelque autre raiſon, n'ayant
pas oſé produire quelque choſe de

leur inuention, se sont contentez de trauailler sur les œuures des anciens Autheurs, & de les rendre plus clairs & plus intelligibles par des commentaires. Au nombre de ces Autheurs, pour ce qui est de la matiere presente, l'on peut mettre Simplicius & Arian, qui ont commenté Epictete, auec Iustus Velsius, & Augustin Mascardi, lesquels ont faict des commentaires tres doctes; celuy-cy depuis nagueres en langue Italienne, & l'autre en Latin, sur la table de Cebes ; mais en ce denombrement il faut principalement considerer ceux qui ont entrepris d'esclaircir par leurs labeurs, les dix liures des Ethiques d'Aristote, entre lesquels ie rencõtre pour le premier Eustathius imprimé en Grec auec quelques autres, & depuis en Latin, ayant esté heureusement & diligemment traduit par Bernardus Feliciãnus, auquel Autheur il n'y a pas long temps que s'est ioinct pour compagnon par la diligence ce veritablement grand perſonage Daniel Heinſius, Andronius Rhodius, ou pluſtoſt Olympiodorus ; Car en la derniere impreſſion ce nom la luy a eſté donné auec raiſon, quoy qu'en la premiere qui en auoit eſté faicte par le meſme Heinſius à Leiden ayant paru ſoubs le titre d'Autheur Anonyme, Il n'euſt pas eu mauuais ſuccez, & n'euſt pas eſté mal traicté, mais au contraire qu'il euſt eſté tres auidement & tres fauorablement receu, & aprouué par tous les gens de Lettres. De ces deux Autheurs, Grecs il faut paſſer aux Arabes & conſulter Aben Rois, qui outre les commentaires qu'il a compoſés ſur Ariſtote, a eſcrit encore vn petit liure de la beatitude de l'ame, lequel ayant eſté enrichi de queſtions tres eſtimées par Auguſtinus Niphus le plus celebre Philoſophe d'Italie, ſe trouue encore apreſent dans les mains des curieux. Enuiron preſque le temps de cet Autheur la Methode d'enſeigner des ſcolaſtiques ayant commencé, les mesmes liures des Ethiquesfurēt par ceste nouuelle fa-çon d'escrire expliquez, & ie dirois tres librement, gastés, s'il m'est per-mis d'en excepter trois de leur nombre, sçauoir Albert le Grand,S. Thomas, & Gille de Rome, qui ont parlé auec vn peu moins de corrup-tion que tous les autres,mais qui ont rellement surpassé le genie de ce sie-cle-la par leur iugement, leur do-ctrine & leur subtilité, que si vous ostés peu de chose du liure d'Albert de l'Histoire des animaux, ceux qui se sont donnés la peine de lire leurs œuures peuuent aisement recog-noistre qu'ils n'ont iamais rien a-uancé d'impertinent, ny rien qui ne fust tres docte & tres sagement ima-giné, & bien que quelques-vns de-puis comme Burleus, Gerardus, O-donus; Buridanus, Ianellus & d'au-tres, ayent voulu suiure leurs traces, ils l'ont neantmoins faict d'vn pas si inegal, auec vn effort si foible, & vn si malheureux succez, qu'ils sont de-

B iiij

meurez bien derriere, enſeuelis dans
la fange & dans la puanteur de la
barbarie, auec les liures à Nicoma-
que, iuſques àce qu'enfinles bonnes
lettres commençans à viure comme
vne autrevie depuis la priſe de Con-
ſtantinople , beaucoup d'hommes
doctes ont commencé à florir qui
ont faict ſentir ceſte felicité des
ſciences à la Morale, partie en inter-
pretans de nouueau les Liures d'A-
riſtote, comme ont faict Vatable,
Lambin, & Perionius; en partie auſſi les accompagnant de commentaires, comme Faber Stapulenſis encore rude pourtant, & qui n'auoit
pas encore acquis vne parfaicte maturité ; Argyrophilus Biſantinus
dont Donatus Acciaiolus s'eſt par
vn manifeſte crime de plagiaire attribué les leçons qu'il auoit ſaictes à
Florence. Ces autheurs ont eſté ſui-
uis de Ioachimus Camerarius, & de
Zuingerus, de la lecture deſquels
perſonne iamais n'eſt ſorty que plus
docte ; de Simon Simonius, de Lu-

gues, Qui seulement à trauaillé sur
le premier liure ; de Petrus Victorius, d'Obertus Giphanius, qui iustement pourroient tenir la place de
tous les autres, auec toutesfois les
doctes scholies du tres elegant Orateur Marc Anthoine Muret.

Ne pouuant adiouster à tous les
precedãs pas vn Autheur qui les sur-
monte, & qui vaille mieux qu'eux :
Il est temps que ie passe legerement
à ceux qui ont escrit de l'Oeconomie auec dessein de traicter ceste
matiere auec bien moins de paroles,
que celle des mœurs, tant pource
qu'il est bien facile à celuy qui s'est
formé à viure selon les preceptes de
la Morale, de donner vn bon ordre
& vne bonne reigle à sa famille, que
pour ce que ceste besogne là d'elle
mesme se conduit moins par art, que
par l'experience, & par l'vsage ; &
qu'elle despent entieremēt des loix,
des mœurs, du train ordinaire des
hommes, comme aussi des circon-
stances particulieres, des choses, du

temps, & des actions, qu'il est prefque impoſſible de reduire en art, &
de ſoubmettre à quelque methode;
ioinct que les hommes de lettres qui
ſont ceux qui s'employent à eſcrire,
ignorent ordinairement toutes ces
choſes là ; & que ceux quipar vn
continuel exercice ſçauent parfaictement les ſecrets du meſnage,
comme ſont les Peres de ſamille, les
Marchans, leurs facteurs, les auaricieux, les vieillards, & en vn mot
ceux qui ſont plutoſt adonnez au
gain qu'à l'eſtude, ſont les moins
propres de tous les hommes à faire
des liures de ceſte matiere, de ſorte
qu'il ne ſe faut pas eſtonner ſi outre
les liures de l'œconomie de Xenophon, & les deux d'Ariſtoté de la
ſcience domeſtique, auſquels Leonard Aretin a attaché quelques lam-
beaux, à peine il ſe trouue vn autre
Autheur qui ait laiſſé par eſcrit quelque choſe digne de memoire ſur ce
ſubiet, ſi ce n'eſt peut-eſtre que nous
vouliōs auoir recours aux Autheurs

de l'Agriculture, sçauoir à Caton,
Varron , Palladius , Columelle,
Constantin , & autres, lesquels mesme n'en ont traité qu'vne partie , &
non pas le tout , & encore ne l'ont-
ils pas traitée entierement ny parfaictement , car bien que Caton pour
exemple ait ordonné que le bon Pere de famille doit plutost estre ven-
deur qu'acheteur , *Vendacem haud
emacem optimum Patrem familias esse
debere*, neantmoins il n'a point ad-
uerti, ny enseigné, ny quoy, ny
combien, ny en quel temps il faut
vendre, ce qui estoit pourtant tres
necessaire de sçauoir. De nostre
temps vn seul Ludouicus Septalius
Medecin de Milan, a remporté toute la gloire qui se pouuoit esperer de
traicter de ceste matiere, par le tres
elegant liure qu'il à faict imprimer
de re familiari, de l'estat de la famille ou de ce qui concerne la famille,
ou il fait vne si si exacte & si diligente mention de toutes choses que le
traict de sa plume à penetré iusques

aux plus petites& aux plus secrettes,
Ce que nousvoyons semblablement
auoir esté faict par Hierosme Cardan Medecin & Senateur de Milan,
en son Proxenete, & dans ses liures
de vtilitate capienda ex aduersis, de
l'vtilité que l'on doit retirer des aduersitez, dans lesquels non seulement il enseigne publiquement les
moyens les plus secrets dont les hõmes les plus desireux du profit ont
accoustumé de se seruir pour amas-
ser des richesses, mais il descouure
& apprend encore quantité de mes-
chancetez, au subiet desquels il eut
mieux valu pour luy qu'il se fust as-
subieti à ce precepte d'Horace

non tamen intus
digna geri promes in scenam, mul-
taque tolles ex oculis ;
qui signifie à peu pres
Ce qui doit estre faict derriere le ri-
deau
Ne peut qu'insolemment paroistre
sur la scene
Il faut oster aux yeux quoy qu'ils le

trouuent beau
Ce qu'ils ne doiuent voir qu'auec de
de la hayne.

Apres donc que l'esprit aura esté pleinement instruict de la doctrine des vertus Morales & Oeconomiques, par vne lecture assiduë, & par vne continuelle meditation de ces Autheurs, il pourra auec asseurance s'ouurir heureusemét le chemin pour entrer dãs les traictés Politiques des mesmes qui cy deuãt ont esté remarquez, sçauoir de Platon & d'Aristote, ny en ayãt point, reserue le tres saint Legislateur Moyse, de plus anciens qu'eux n'y qui auec plus d'art & plus de suffisance nous ayent laissé dans des liures la forme de bien gouuerner les Republiques. Voyla pourquoy il faut de bonne heure commencer cet estude par les œuures de Platon qui dans les liures des loix & de la Republique à parfaictement bien ordonné les Royaumes & les Republiques, & si conformement aux mœurs & à la doctrine des Chreſtiens que S. Thomas, dans ſon liure *de Regimine Principum*, du gouuernement des Princes, à deſire que le Platoniſme c'eſt à dire les maximes de Platon, ſeuſt introduit dans la Republique Chreſtiene. Encore qu'Ariſtote ait emprunté de luy preſque tout ce qu'il a eſcrit de la Politique, Ie ne ſçay neantmoins comment, en propoſant les raiſons de ſon maiſtre plus clairement & plus facilement & en les reſutant ſubtilement & adroictement il ſe l'eſt rendu ſi propre qu'il a faict voir par cét ouurage ainſi que par les autres quel grand philoſophe il eſtoit, quel elegant eſcriuain, combien il eſtoit ſubtil, comme il eſtoit propre à enſeigner, quelle abondance & quelle grande cognoiſſance il auoit de toutes choſes, Et quoy que ſelon le iugement des plus ſçauans hommes, il ſoit eſtimé auoir eſcrit beaucoup de choſes en partie difficiles & obſcures & en partie repugnantes à nos mœurs & à ce qui ſe pratique en ce

temps icy, ie n'y trouue neantmoins
aucune difficulté, ny aulcune obscurité qui auec vn grand trauail,
vne vehemente aplication d'esprit,
& vne soigneuse lecture ne puissent
estre surmontees, Et s'il y a quelques
choses dans ses liures qui semblent
repugner à ce qui se faict auiour-
d'huy parmy nous, elles sont en petit
nõbre & telle sencore qu'vn lecteur
prudent & bien adroit les peut aisement accomoder à ce temps icy, &
à ce qui s'obserue à present, pourueu
qu'il considere qu'il n'a pas escrit sa
politique seulement pour les sages
comme Platon : Mais aussi pour les
plus fins & pour les plus rusez, tels
que doiuent estre ceux qui sont appellés au gouuernement des estats,
voila pourquoy les huict liures des
politiques doiuent estre leus diligemment & soigneusement auec les
deux que Cyriacus Strozza, y a ad-
ioustés, ce noble Florentin s'estant
efforcé de faire aux Politiques d'A-
ristote, ce que Leonard Aretin, auoit

faict aux Oeconomiques du mesme
Autheur. Maplep, Vegius, à Virgil-
le, & Sulpitius Vendanus, à Lucain,
mais comme pas vn peintre n'a peu
acheuer le tableau de Venus auec la
mesme grace & la mesme industrie
qu'Apelle l'auoit esbauché & commencé, c'est aussi vne chose espou-
uantable de voir combien les Autheurs sont esloignés de ceux qu'ils
se sont proposés à imiter. Ils ne laif-
sent pas pourtant de meriter d'estre
l'eus & mesme d'estre loüés, pour
s'estre autant qu'il leur a esté possible
efforcés de nous faire recouurir des
choses si precieuses que nous auons
perdües, & de satisfaire la dessus en
quelque sorte nos desirs. Ces premiers hommes ont esté suiuis de plusieurs autres d'entre les anciens;
mais qui presque tous par vn mal-
heur dignes de nos larmes ont esté
opprimés par l'esprit de la Vielleffe
enuieuse & par les embusches des
barbares, & sont mesme tous demeu-
rés incogneus reserué Ciceron dont
la

la perte des six liures qu'il aduoüe
dans le second liure de la Diuination
auoir composés de la Republique,
doit estre eternellement pleuree,
puisque auec eux ont esté perdus
tant d'oracles qui procedans d'vn
homme si eloquent, si sage, & qui si
long temps auoit gouuerné la Republique Romaine, ne pouuoient estre
que tres-veritables & tres-asseurez;
De sorte que si Aristote luy mesme
en ses liures *de Cœlo*, du Ciel, ren-
uoye sur la matiere doit il traicte,
aux Astronomes, Hyparque & Eu-
doxe; si S. Augustin estime Orose en
ce qu'il a escrit de l'histoire des Payens; si Origene a recours au Iuif
Huilius, pour l'explication du passa-
ge d'Isaye; & si le Pape Hilarius, en
la dispute du temps de la celebration
de la Pasque s'en rapporte entierement au seul Victorius Britānicus, &
tous pour ceste seule raison, qu'il faut
tousiours croire vn homme excellent & bien experimenté en ce qui
despent de sa science & de son arr;

C

chacun peut s'imaginer combien il
eut fallu deferer à Ciceron tout seul,
lors qu'il eut parlé des loix Politiques & des maximes d'Estat, veu
que n'ayant pas suiui comme Aristote, Platon, & tous les autres qui ont
escrit de la Republique, ce qui semble de plus probable & de plus con-
forme à la raison, il nous à tres elegamment enseigné par la cognoissance, que l'experience luy en auoit
donnée, tout ce qui pouuoit seruir
selon la doctrine, & selon l'vsage à
l'administration des Republiques.
Plutarque a moins à se plaindre de
la malice du temps, ses preceptes
Politiques s'estans sauuez du malheureux naufrage, dans lequel tant
d'excellens Autheurs sont peris; les
preceptes qu'a laissez ce noble es-
criuain, contiennent vne doctrine
si tranquille & si bien reiglee, qu'elle
faict assez paroistre l'esprit de son
Autheur orné d'vn tres grand iugement, & d'vne tres exquise moderation. Il nous est encore resté des

fragmēts du liure des polices d'Heraclides, & des opuscules de quelques autres Autheurs, mais qui ne
sont pas de si grand merite, que l'on
puisse esperer beaucoup d'vtilité de
leur lecture, voila pourquoy si nous
suiuons l'ordre du temps, Auerroes
seul se presente à nous dont le liure
de la Republique a esté imprimé a-
uec vn discours de Robertet; & les
liures de Franciscus Philephus sur
ce mesme subiet, tous lesquels liures portent l'image de la grauité
des anciens, soit que l'on considere la netteté du stile, soit que l'on
regarde à l'excellence de la matiere
dont ils traictent. L'on doit faire le
mesme iugement de la Republique
du tres-excellent Poëte, & du tres-
elegant Orateur Hieronymus Vida,
n'estoit qu'il n'est pas remply d'vne
si grande abondance, ny d'vne si
grande varieté de choses, s'estant
seulement bien au long estendu à
disputer si la vie publique estoit plus
excellente que la priuée, mais au

reſte eſtant fort ſec & dépourueu
des ornemens qui le pouuoient rendre beau. En meſme temps François
Patrice de Sienne, a faiɛt ie ne ſçay
quel ramas de diuers exemples ſous
le tiltre de Republique, comme il
eſt à croire pour ſeruir aux Eſcho-
liers à faire des amplifications dans
les Colleges ; mais ce liure eſt auſſi
different de ce qu'vn autre François
Patrice Romain a publié de ceſte
matiere entre les autres ouurages de
ſa ieuneſſe, comme il y a de diffe-
rence entre vn hybou & vn aigle, &
entre vn oyſon & vn cigne. Fritſius
& Simanca nous ont plutoſt propoſé
la forme d'vne adminiſtration Chre-
ſtienne, que d'vne police Ciuile le
premier auec vn ſtile exaɛt, vn bon
ordre, & ſans ſe reſſentir d'aucune
baſſeſſe d'eſprit ; de toutes leſquelles choſes & encore de iugement,
l'autre eſt dépourueu ; l'on ne doit
pas iuger autrement des deux autres
Autheurs qui ont eſcrit en François
des Politiques Chreſtiennes, ſçauoir

de Molinier Preftre de Tholofe, qui par les chaifnons de fon eloquence entraine fon Lecteur où il veut, voire malgré qu'il en ait, le delectant par tout auec les apas d'vne agreable douceur : l'autre eft Iean le frere de Laual, qui bien qu'en vn plus grand volume que le premier, eft neantmoins priué de la bonté du fens, & de l'ornement des paroles, n'y ayant en tout fon gros liure pas vne pointe d'efprit.

Non eft in tanto corpore mica falis.
Vu fi grand corps n'a pas vne miette de fel.

Il me reffouuient auffi d'auoir veu autrefois vn certain liure imprimé ce me femble à Paris en grand volume ou la politique de Moyfe eftoit expliquee en langue Françoife auec vn iugement fi exact, & auec tant de clarté, que le plus rafiné Politique à peine pourroit trouuer vn autre liure à la lecture duquel plus vtilement il peuft employer fon temps. Ce qui faict que ie paffe foubs filence tres librement, vn liure que Caſtalion à ſaict imprimer preſque ſoubs le meſme titre, pour ce qu'il eſt compris entre les Autheurs dont la lecture eſt defenduë, & qu'il teſmoigne luy meſme dés l'entrée ne l'auoir compoſé en Grec & en Latin, qu'en faueur des enfans ſeulement: Nicolaus Bieſſuis Medecin de Louuain, comme s'il euſt reçeu le flambeau de la main de tous les precedans Autheurs s'eſt ſemblablement efforcé de courir dans la meſme cariere, mais il n'a pas veritablement acheué ſa courſe auec la meſme fortune qu'a faict dans Homere, Antilochus.

Qui d'vn pied diſpos & leger
Denaçoit tous les ieunes hommes

Car il euſt bien mieux rencontré pour luy, ſi comme vn autre Medecin de Tholoſe, Augererius Fererius il ſe fuſt contenté d'acquerir la reputation de Politique, en promettant ſeulement ſes liures de la Republique, & non pas en les faiſant publier,

veu qu'il n'eft pas moins fafcheux &
moins des agreable en cét œuure la,
que dans fes liures de Medecine, ne
laiffant rien autre chofe que du de-
gouft & de l'ennuy dans l'efprit de
celuy qui s'occupe à les lire. Gregoire de Tholofe a efcrit auec vne bien
plus grande abondance & beaucoup plus felõ les preceptes de l'art,
pour ce qu'il eftoit Iurifcõfulte, mais
il mãque de moderation, la doctrine
vulgaire qu'il employe partout, l'ayãt
empefché de garder aucune mefure,
comme auffi de maiefté, qu'il n'a
pas eu plus de foin de conferuer
que fon iugement, entaffant indif-
feremment toutes chofes fans les di-
gerer: neantmoins il ne laiffe pas
d'eftre tres vtile, pource qu'il contient force belles & diuerfes matieres, à raifon defquelles, il doit eftre
eftimé comme vn threfor, dans lequel font gardées quantité de pierres precieufes, & les richeffes des
meilleurs Autheurs, auec vn tres
exquis ameublement de toute forte

de doctrine. Mais encore que tous les Autheurs que nous auons cy deuant mentionnés, ayent faict de grands efforts; & que Paul Paruta, la fleur de la noblesse Italienne, & l'honneur des esprits les mieux exercez aux sciences, ait en sa langue composé vn liure excellent de la vie Politique, dont nous auons aussi la traduction en la nostre, il n'y en a pas vn en cent qui soit arriué iusques à la perfection, si l'on en excepte Iean Bodin, à qui tous ceux qui ont faict des liures de la Republique doiuent autant ceder.

Quantum lenta salix pallenti cedit oliua.

Comme le foible saule au pasle oliuier cede.

Et certes ce n'est pas sans raison, puisque il auoit apporté pour se rendre capable de comprendre toutes choses, vn esprit tres vaste & tres ennemy de repos, qu'il auoit eu de la nature, & qu'il auoit auec cela cultiué par vne estude obstinée, par vne

inépuisable doctrine, & par vn admirable iugement, de sorte qu'apres
auoir surmonté toutes les difficultez
de toutes les langues & de toutes les
sciences, il a non seulement basti
son Theatre de la nature auec de
nouuelles raisons, mais encore auec
vne prudence admirable. Il a mis en
ordre les especes des loix, les cou-
stumes, les secrets, & enfin les vertus & les vices de toutes les formes
de gouuernements, qui iamais ont
esté establis dans le monde, s'estant
à la fin comme vn autre Phœnix de
son siecle, consumé luy mesme à la
contemplation de ceste souueraine
sagesse, dont il eut mieux faict de
reuerer, & d'admirer les secrets, que
de les auoir voulu publier & soub-
mettre comme toutes les autres choses à la censure. Pource qui est de sa
Republique , il faut aduoüer que
c'est vn ouurage trauaillé auec esprit, poli auec art, acheué auec iugement, & pour dire tout, si parfaict,
que quiconque le voudra quitter, ne

reſſemblera pas mal à ces anciens nautonniers, qui negligeãt ou ignorant l'excellence de la Cynoſure, ſe laiſſoient conduire en leurs nauigations, au gré de certains petits oyſeaux, & le plus ſouuent alloient eſchoüer contre les bancs & les rochers. Ie ſçay bien que Fabius Albergatus Italien, de Serres, & Auger Ferier François, ont trauaillé par de grands efforts, & par leurs liures à le ruiner. Mais l'euenement a faict voir que le ſuccez de ce combat a eſté ſemblable à celuy des Pygméés contre Hercule: de ſorte qu'il n'a pas tant à preſent ſubiet de trembler pour la crainte de la plume Satyrique&ſanglãte des eſcriuains, meſme les mieux diſans & les plus ſeueres, comme pour le iugement de l'Egliſe, des cenſures de laquelle, pource qu'il eſt plus preſſé que des argumens de ſes ennemis, cela eſt cauſe que l'on ne doit pas lire ſes liures, non plus que ceux de tous les autres Autheurs Politiques, ſans en

auoir premierement obtenu la per-
miſſion.

Ce ſont la preſque tous les Autheurs dont il me peut reſſouuenir,
des liures deſquels l'on doit tirer
tout ce qui plus preciſement concerne la ſcience de gouuerner les
Republiques. Car tout ce que Iuſte
Lipſe, Timplerus, & Kekermanus y
ont adiouſté depuis eſt plus recommendable pour la beauté duſtile, ou
pour la facilité de la methode, que
pour y auoir quelque choſe de nouueau. Mais il ne faut pas que i'oublie,
qu'il s'eſt trouué certains eſprits i-
maginatifs qui ſe ſont efforcé de
nous faire voir la forme ou pluroſt
l'idee de quelque veritable & parfaicte Republique, afin que l'on euſt
vn exemplaire de ce qu'il y a de
meilleur & de plus excellent en ce
genre, & ſelon lequel ſi toutes choſes
alloyent comme elles deuroyent aller, il ſeroit à propos que toutes les
adminiſtrations publiques des Eſtats
feuſſent reiglées par les hommes.

Cet Autheur ayant formé ces illu-
ſtresdeſſeins auec la meſme intentiõ
queGaliē a deſcrit la ſantéparfaiﬁte,
Fernel la temperature du corps pro-
duiteparvne eſgaleharmonie dequa-
lités contraires iuſtement balancées
les vnes auec les autres,Xenophõ le
Prince, Ciceron l'Orateur, S. Paul
vn Eueſque , afin qu'ayant continuellement deuant les yeux ceſte
veritable, premiere & originelle i-
mage de perfeﬁion, l'on peuſt plus
aiſement recognoiſtre& corriger ce
qu'il y auoit de vitieux & de defe-
ﬁueux en la copie; Le premier qui ſe
trouue auoir mis par eſcrit la forme
d'vne telle Republique imaginaire;
ç'a eſté le tres doﬁe & au iugement
de tous le tres-ſage Thomas Morus
Chancelier d'Angleterre,dont l'V-
topie viura, & ſera eſtimee des hommes tant que la iuſtice, la modeſtie,
&la pieté ne ſeront pas entierement
bãnies de leurs eſprits & de leurs af-
feﬁions.Celuy qui le ſuit c'eſt Thomas Campanella, homme certe d'vn

esprit prodigieux & plein de feu, qui
parmy les tenebres, & les ordures de
la prison a basti vne cité du Soleil
auec tant de nouuelles pensées & de
si hauts sentiments, qu'outre diuerses speculations Philosophiques, elle
contient encore plusieurs preceptes
par le moyē desquels les Estats pourroient estre plus seurement gouuernez, & les hommes mesmes deuenir
meilleurs qu'ils ne font. Le dernier
ouurage composé selon ce dessein,
c'est le liure d'vn certain Anglois
dont ie ne sçay pas le nom, lequel il
n'y a pas long temps a esté publié
soubs le titre de, *Mundus idem & Al-
ter*, qui est plutost vne satyre contre
les mœurs des Princes de ce siecle,
dans laquelle assignant des contrées
à chaque vice, & les faisant habiter
par des peuples dont les noms sont
ingenieusement forgés & tirés de la
nature de chaque chose qu'ils re-
presentent, il establit tres à propos selon mon iugement vne Republique
de meschants, qui n'excite pas moins

les hommes à rire, qu'elle peut feruir à les enflamer à la vertu. Quoy
que iufques icy nous n'ayons rien
dit encore des commentateurs des
Politiques d'Ariftote & de Platon,
lors que l'on lit les liures de ces Autheurs, ils doiuent pourtant diligemment eftre fueilletés, afin que les dif-
ficultés qui s'y peuuent rencontrer,
nuifent moins à ceux qui fe haftent
de les lire, & que toutes les belles
chofes qu'ils contiennent foyent
plus facilement & plus clairement
apperceües, les tenebres de l'obfcuri-
té en eftans chaffées ; Ie ne puis
neantmoins nommer aucun d'entre
les anciens qui fe foit employé à
ce trauail, n'ayant iamais eu entre
les mains pas vn liure de cette matiere d'aucun vieil Autheur fi ce
n'eft du feul S. Thomas, qui, comme
il a faict de toutes les autres œuures
d'Ariftote, felon fa couftume, d'vne
interpretation des Politiques qui
n'eft ny bonne ny veritable, en atiré
toutefois de bons & de veritables

fentimeṅts. Nicolas Orefme Euef-
que de Bayeux a fuiui S. Thomas en
ce qui eft d'expliquer les Politiques
d'Ariftote, lefquelles auec les Ethiques non feulement il traduifit en
François en faueur de Charles5.fur-
nommé le fage, fon difciple, mais il
les enrichit encore de briéues anno-
tations qui neantmoins ne laiffent
pas d'eftre remplies de beaucoup de
bonnes chofes qui procedent d'vne
tres-belle &tres-rare doctrine.Mais
ces deux liures ne fe trouuent que
difficilement,veu qu'il y a plus de fix
vingt ans qu'ils furent imprimés à
Paris en characteresLombards,&en
vn langage rude & mal poly, voyla
pourquoy maintenant ils font beaucoup eftimés parles curieux. Quelque temps apres Ioannes Buridanus
celebre fophifte publia femblablement fes queftions fur les mefmes
Politiques, mais qui font ineptes &
pleines de niaiferies comme font
prefque toutes les œuures de tels
fcholaftiques. Faber Stapulenfis,

48

auſſi mit àu iour vn commentaire
ſur les Politiques, tout ſemblable à
cét autre que nous auons dit cy deuãt, qu'il auoit compoſé ſur les Ethiques; mais auec le labeur de tous ces
gens là l'on pouuoit à peine s'auan-
cer, voire meſme l'on ne profitoit
rien du tout, ſi les celebres interpretes cy deuant remarquez, ne ſuf-
ſent venus au ſecours d'Ariſtote, &
auec eux Geneſius Sepulueda Eſpa-
gnol, la verſion & les notes duquel
ſeront d'autant plus eſtimées, que ſeront ſçauans & pleins d'eſprit, ceux
qui les liront; comme auſſi ces autres principaux commentateurs Camerarius, & Giphanius, qui n'ont
iamais rien compoſé d'impertinent,
de la ſuffiſance deſquels ne ſont pas
beaucoup eſloignez, Antonius Scai-
nus Salodienſis, & Tarquinius Gal-
lucius tres eloquent Preſtre de la
Compagnie de Ieſus, qui a ſi docte-
ment interpreté les cinq premiers liures des Politiques, qu'il ſurmonte
tous les autres en abondance de doctrine.

Œtrine. Mais quiconque se proposera
de feüilleter la paraphrase de Daniel
Heinsius, auec les commentaires de
Zuingerus, & de Petrus Victorius,
qui l'accompagnent, celuy-là selon
mon iugement n'aura pas mal pourueu à se rendre ceste science facile,
& à l'vtilité de ses estudes. Pour ce
qui est de Platon, il y a seulement,
au moinsque ie cognoisse, trois commentateurs, sçauoir Antonius Montecatinus, qui s'estant efforcé d'expliquer les liures de la Republique
de Platon & d'Aristote, par de tres-
amples notes, par des tables, & par
des distinctions, n'a iamais peu satisfaire ny à soy-mesme, ny à son lecteur : le second c'est Sebastianus
Foxius Morzilius, qui en peu de paroles a compris beaucoup de choses;
& le troisiesme Pompeius Gariglianus, qui a faict tout le contraire,
mettant peu de choses en beaucoup
de paroles. Louis le Roy qui suiuoit
la Cour de Henry Second Roy de
France, tres-sçauant en la langue

D

Grecque & Latine, a le premier faict paroiſtre, traduits en noſtre lāgue les liures de Platon, & d'Ariſtote, & les a depuis ornez d'vne ſi grande abondance de doctrine, & d'vn ſi noble appareil d'illuſtres exemples, qu'encore qu'il ſoit au deſſous des autres, en ce qui eſt de la grauité du ſtile, neantmoins il ne laiſſe pas de meriter d'eſtre eſtimé & recommandé comme vn des premiers, pour la grande varieté, & pour le fruict tres-abondant que l'on peut receuoir de la lecture de ſes liures.

Voila quelle eſt la cariere des Autheurs, & l'eſchole où doiuent faire leur apprentiſſage tous ceux qui s'eſtans appuyez des aydes generales & neceſſaires, deſirent paruenir à l'intelligence de la plus profonde ſcience Politique : car l'on y trouue abondamment, & diſtinctement traité tout ce qui regarde les fondemens, & ees principes communs de la ſocieté humaine, les eſpeces legitimes des Republiques, leurs de-

prauations , & leurs corruptions, les
loix, & les mœurs de la Democra-
tie, ou gouuernement du peuple, de
l'Aristocratie ou du gouuernement
des plus gens de bien , & de la Monarchie, ou du commandement d'vn
seul, la naissance, l'accroissement,
les changemens, la decadence, &
la ruine des Empires, les deuoirs du
Prince & des subiects, les droits de
la paix, & de la guerre, l'esslection
des Magistrats, l'imposition des tributs, & generalemēt toutes les choses par l'exacte & continuelle meditation desquelles se doiuent tracer,
& asseurer le chemin pour arriuer
aux autres, ceux qui desirent s'employer serieusement à manier les affaires publiques. Apres donc que les
curieux de la science Politique auront esté pleinement instruits de ces
preceptes, pour surmonter plus facilement toutes les autres difficultez,
ils se doiuent necessairement esta-
blir certains chefs, & certains lieux
principaux, ausquels ils puissent

rapporter toutes les choses qui se
trouuent esparses çà & là en ceste si
grãde confusion, &en ceste quantité
presque incroyable de tant de diuers
Autheurs. Et ceste methode doit
estre exactement gardée, afin que
lors que l'on aura besoing de quelqu'vne de ces matieres, ce recueil
puisse seruir d'vne table des liures &
des Autheurs qu'il faudra consulter
pour en auoir vne plus ample & plus
certaine iustruction. Ces principaux
lieux pourront estre des affaires dont
l'on traicte le plus ordinairement en
la Republique, ou des personnes à
qui elles sont commises, ou des aydes par le moyen desquelles elles se
peuuent plus commodement executer. Pour ce qui est des affaires, elles
concernent ou l'administration de
la Republique, tant ordinaire qu'extraordinaire, ou la religion, ou les
alliances, les confederations & les
ligues, ou la paix, ou la guerre, ou
les prerogatiues & les ceremonies
d'entre les princes, ou le commerce,

l'impofition des tributs, l'acroiffement des villes, & l'accõmodement
des differents & des querelles qui
furuiennent entre les nobles. Car
ce font là toutes les chofes qui pour
l'ordinaire font reiglées par les loix
Politiques, le furplus ou n'eftant pas
digne de confideration. ou deuant
eftre remis au iugement des Iurifconfultes ou des autres magiftrats.
Au regard des perfonnes elles ne
peuuent eftre autres que les Princes,
leurs confeillers, les Ambaffadeurs,
ou celuy qui fert à faire les lettres, &
les defpefches fecrettes de toutes
ces perfonnes-là, que pour ce fub-
iect lon appelle vulgairement vn
Greffier, ou fecretaire. Quant à ce
qui eft des aydes, ou elles font propres definitiuement àquelques-vnes
de ces perfonnes, ou elles peuuent
eftre vtiles à toutes en general. Or
toute cefte adminiftration Politique des Royaumes & des Eftats, que
l'on peut appeller iuftement ordinaire tant qu'elle a pour but, l'equité,

& la iuftice, par le moyē dequoy cō-
me la deeffe des larrōs cefte lauerne
d'Horace elle puiffe couurir d'vne
nuiĉt & d'vn nüage les fraudes & les
crimes, confideré principalement
trois chofes aufquelles tendent & vi-
fent directement toutes les deliberations & toutes les ordonnances ; la
premiere c'eft d'affermir l'Eftat naif-
fant: l'a deuxiefme de le conferuer
quand il eft eftably, & la troifiefme
de le fouftenir & de le remettre lors
qu'il panche&qu'il eft preft de tomber. Pour faire toutes lefquelles
chofes auec art & auec iugement, il
y a diuers Autheurs, qui nous peuuent fecourir, & pour le premier &
pour le dernier poinĉt, nous en a-
uons deux de noftre France, de Lu-
finges, & Duret, qui en leur langue
ont efcrit force belles chofes de la
naiffance des empires & de leurs de-
cadences & ruines. Il y a encore
Louis le Roy, qui en fon liure qu'il
a femblablement faiĉt en françois
de la viciffitude des chofes traiĉté

auſſi auec vne grande varieté d'a-
greables exemples, des changemêts
& de la reuolution des temps, & des
Royaumes. Ces années paſſées il
parut auſſi dans Veniſe vn liure d'vn
certain Italien qui traicte fort au
long de la meſme matiere; mais d'autres qui le cognoiſſent mieux que
moy,pourront iuger de quel eſprit il
a trauaillé. Au reſte il ne faut pas
meſpriſerMethodius,qui dansvn petit liuret atres-ſagement diſcouru de
la naiſſâce& de la cheute de l'Empire Romain, ny ſemblablement Lazius & Bozius qui l'vn & l'autre ont
faict de gros liures, le premier des
peuples qui ont changé de demeu-
res,& le dernier de la ruine des nations; tous les deux fourniſſans diuers exemples tout enſemble de l'e-
ſtabliſſement& de la deſtruction des
Royaumes. Pour ce qui eſt des preceptes qui ſeruent à conſeruer & à
bien gouuerner les Republiques ils
ſont entierement contenus dans l'o-
raiſon que Syneſius a faicte à lEm-

pereur Arcadius, dans celle qu'Iſo-
crate a eſcrit à Nicocle, dans le petit
liure qu'Agapetus addreſſe à Iuſtiniã,
& dans quantité d'oraiſons de Dion
Chryſoſtome, du Sophiſte Herodes,
de Themiſtius, du Rheteur Ariſtides,
& de Maximus Tyrius; mais ils ont
tous traicté de ceſte matiere auec
tant de bonne foy & tant d'integrité,
que leurs inſtructions ſeroient plus
propres & plus conuenables à la Republique de Platon, qu'à la façon
dont nous viuons en ce ſiecle. Voyla
pourquoy il ſera plus à propos de
conſulter quelques Italiens de ces
derniers temps, leſquels veritablement au gré des Muſes, & d'Apollon,
ont faict des liures de la raiſon d'E-
ſtat, pour exprimer en termes plus
intelligibles ce qu'ils appellent *rag-
gion di ſtato*. Entre ceux la Iean Botero, dont l'eſprit eſtoit entierement
propre à toutes choſes, & né parti-
culieremẽt à traicter des affaires Politiques, a eſté que ie ſçache celuy le
premier qui a expliqué & diſtingué
par ordre & par methode toute ceſte

matiere, laquelle depuis, Hyerome Fraqueta, à presque acablee & estouffée par sa trop soigneuse diligence, & par le faix trop lourd de ses collections. Gabriel Zinarus, & Ludouicus Septalius, ont tenu le milieu, le dernier quoy que Medecin, ne pouuant toutefois auec raison estre accusé d'auoir rien escrit de la Politique hors de propos, tant tout ce qu'il dit semble sortir d'vn iugement exquis & d'vne cognoissance parfaicte de l'administration des affaires ciuiles; ce que l'on doit pareillement esperer du liure de la doctrine Politique que Scipion de Clermont, ainsi que ie l'ay depuis peu apris, a tout prest de faire imprimer, veu que ce grand homme possede vne science tres solide, & qu'il employe à ses compositions vne tres-grande & quelquefois vne tres opiniastre diligence. Quoy que l'administration extraordinaire contienne les mesmes chefs de doctrine, & les mesmes matieres que l'ordinaire, si-est ce que iufque à prefent il s'eft trouué peu de perfonnes affez hardies & affez effrontées pour faire voir en public quelque ouurage contenant auec ordre & auec methode les preceptes & les moyens legitimes par lefquels chacun de ces poincts puiffe eftre executé, & conduit à quelque fin. Car encore que Clapinarius fe foit chargé de traicter cefte matiere en fon liure de *Arcanis Imperiorum*, des fecrets des Eftats, il ne faict rien moins que ce qu'il auoit promis, veu qu'il ne met en auant que les preceptes & les loix de l'adminiftration commune & ordinaire; n'y ayant rien plus facile à ceux qui s'embarquent dans la vafte mer des lettres, que de tomber dans cefte cenfure, ne plus ne moins que dans vn goufre ou dans des efctieils, lors que par les tiltres de leurs liures feulement, ils fe vantent & promettent de foy des chofes magnifiques.

Amphora cœpit

Inftitui, currente rota cur vrceus exit?

Penſant faire vne cruche, ils font vn petit pot.

Encore que le Politique Florentin, ait ſemé çà & là dans ſes œuures preſque tous les axiomes, & toutes les principales concluſions de ceſte adminiſtration, neantmoins pour ce qu'il a imité les plus ſubtils Philoſophes, qui en leurs diſputes ſuppoſent plus de choſes qu'ils n'en prouuent, il s'eſt plutoſt acquis la reputation de ruſé & de temeraire, que de prudent; ayant par ce moyen taillé & excité lès plumes de pluſieurs Autheurs pour eſcrire contre ſa doctrine, la pointe deſquelles Gaſpard Schiopius s'eſt (& peut eſtre n'eſtce pas en vain) efforcé de rabatre & demonſtrer par vn liure tres-docte, & tres bien trauaillé, que ces dernieres années il a faict imprimer à Rome ſous le tiltre *de pædia Politica,* de l'inſtruction Politique, dans lequel tous les plus equitables cenſeurs de liures trouuent, & non pas ſans raiſon qu'il y a plus d'eſprit, &

plus de iugement que dans toutes
ſes autres œuures, voyla pourquoy
ſe deuant auſſi faire meſme iugemēt
de la ſageſſe de Cardan: ie ne puis
certainement nommer pas vn Autheur qui ait eſcrit quelque choſe de
ceſte matiere, qui ſoit fondé ſur des
raiſons de la Philoſophie, & orné
d'exemples Politiques des Royaumes & des Princes, reſcrué Federic
Bonauenture, Gentilhomme d'Vrbin, qui ſans s'eſtre eſpuiſé pour a-
uoir faict ces grands volumes des
vents, & de l'enfantement à huict
mois, *de ventis & octimeſtri partu*, à
faict encore imprimer vne Politique
ou plutoſt la vraye forme de gouuerner les Eſtats, dans laquelle, pour ne
rien dire de la grande ſubtilité de
ſon eſprit, & de la parfaicte cognoiſſance qu'il a de toutes choſes, auec
leſquelles il a merueilleuſement biē
ſouſtenu la dignité de ſon ſubiet; il
s'eſt veritablement efforcé de monſtrer par de puiſſantes raiſons, que
ceſte raiſon ou ce moyen extraordi-

noire de l'administration publique, ne se pouuoit, ou ne se deuoit pas definir autrement, qu'vn bon conseil touchant les choses qui concernent la plus grande vtilité de la Republique, sans consideration d'aucune autre raison. Car de ceste definition que depuis ont confirmée par diuers argumens, Iulius Veteranus, nepueu du mesme Bonauenture, en ses Epistres à Louis Septalius, & Titus Corneus, en vn traité Politique que l'on garde soigneusement en la ville d'Vrbin, auec vne infinité d'autres liures manuscrits; de ceste definitiõ, dis-ie, Bonauenture prend occasion de se donner vn vaste champ de discourir de quantité de choses, qui regardent ceste plus secrette instruction Politique. Comme chacun peut tirer de luy autant qu'il aura besoin pour philosopher seurement, & plus abondamment des vrais secrets de la Republique, desquels semblablement nous fismes l'année passée vn traité que quelque iour ie

m'affeure ne fera pas defagreable
aux amateurs de la doctrine Politique.

Apres auoir appris ces loix & ces
Reigles communes du gouuernement de toutes fortes d'Eftats, il faut
enfuite paffer à celles, par le moyen
defquelles les Rois & les Princes de
la terre fe font efforcez auec raifon
d'eftablir quelque culte de la Diui-
nité, parmy les peuples & les natiõs,
qui leurs ont efté fubiectes. Il eft vray
que du plusloin que l'on puiffe auoir
memoire, tous les hommes ont toufiours creu que les Dieux eftoient
les Seigneurs, & les moderateurs de
toutes chofes ; que tout ce qui fe fait
dans le monde, s'y faict par leur authorité, par leur volonté, & par
leur puiffance ; que les hommes ont
receu beaucoup de graces & de biẽ-
faits d'eux : qu'ils prennent garde
quel eft vn chacun en particulier, ce
qu'il faict, ce qu'il commet, auec
quel efprit, & de quelle pieté il fe
porte à la Religion, & à les hono-

rer : enfin qu'ils font diftinction en la diftribution des recompenfes & des peines, entre les bons & les mef-chans, les deuots & les impies. Mais comme ces loix & ces conftitutions des chofes Diuines, ont toufiours efté diuerfes, dans les diuerfes parties du monde, & qu'à prefent mefme elles ne s'accordent pas mieux enfemble qu'elles faifoient par le paffé, il arriue encore affez ordinairement que par vn zele, & par vne emulation de pieté, elles font naiftre des guerres & des querelles mortelles.

Dum numina vicinorum
Odit vterque locus, dum folos credas
    habendos
Effe deos quos ipfe colit,

ce qui fignifie fuiuant cefte paraphrafe.

Lors que par tout l'on hait les Dieux
    de fes voifins
Et que par vne humeur ridicule & feuere
L'on ne tient point pour Dieux que

ceux que l'on reuere.

Pour pacifier ces differents & pour les conduire à vne fin conuenable aux preceptes, & aux ordonnances de la Religion Chrestienne, il ne sera pas necessaire de mettre en comparaison les diuerses religions les vnes auec les autres, comme au grand preiudice de lavraye pieté ont faict par le passé Pierre d'Ailly, Cardinal & Euesque de Cambray en vn petit traicté Astrologique des trois sectes, *De tribus sectis*, Hierosme Cardan en ses liures de la subtilité, & IeanBodin en vn grandvolume qu'il à faict, mais qui n'est pas encore imprimé, & Dieu vueille qu'il ne le soit iamais, *De rerum sublimium Arcanis* des secrets des choses d'en haut, liure qui pourroit seruir d'vn tres-fort & tres clair argument, que le Iesuiste Posseuin ne se seroit point trompé au iugement qu'il a faict de son Autheur; mais il faut sçauoir les principes communs de toutes les Religiõs auec les opinions & les creances

qui

qui font propres à chacune d'elles;
afin que lors qu'il fera befoin d'eftablir ou de maintenir la noftre en
quelques lieux, cela fe puiffe faire en
monftrant les impertinences & les
abfurdites des autres. A cet effect il
faut que le Politique ait en main certains autheurs, par la lecture def-
quels eftant fuffifamment inftruict
de toutes ces chofes; il puiffe par a-
pres plus meurement & plus fage-
ment ordonner & prefcrire ce qui fe
doit faire, & prendre des confeils
conuenables aux chofes dont il fe
traicte & à fon intention. Entre ces
liures peuuent eftre mis les quatre
que Guillaume Poftel de Baranton,
a faicts de la Concorde du monde,
De orbis terræ concordia dans lefquels
prefque feuls de tous fes liures il n'a
rien mis d'impertinent ny de ridicule, y faifant voir au contraire en quoy
confiftent toutes les Religions, & y
eftabliffant, & y confirmant adroictement & fubtilement la noftre par
des raifons tirees tant d'elle mefine

que de la refutation des autres qui luy sont contraires. Le mesme Autheur en ses trois liures de la Republique des Turcs, qu'il a semblablement faicts auant qu'il eust l'esprit blessé, a compris tout ce qui est de la Religiõ de Mahomet, sans en riẽ oublier, iusques aux plus legeres & plus petites ceremonies. Ce qu'a faict aussi depuis peu Michel Baudier, Gentilhomme de la chambre du Roy, dans vn liure à dessein composé sur ce subiect, auec tout ce qu'il y a de plus poli en nostre langue, & auec vne grande abondance de diuerse doctrine. De sorte qu'auec ce liure, & les deux de Postel, ceux qui à cause des censures de l'Eglise, ne peuuent pas lire l'Alcoran & la Suna de Mahomet, pourrõt facilement apprendre toutes les sottises & toutes les impertinences de la superstition des Musulmans. L'on peut encore neantmoins estre beaucoup aydé par les Epistres du tres excellent Augirius Busbequius, & par les

liures du moine Ricold où Richard,
& d'vn certain Ioannes Andreas, qui
ont esté traduits en toutes les langues, pource qu'au iugement mesme de Postel ils doiuent estre prefe-
rés à tous ceux qui par de puissantes
raisons se sont efforcez de renuerser
les fondements de la Religion des
Turcs. Au regard de celle des Iuifs
pour ce qu'elle nous est assez co-
gnüe par le vieil Testament & par
tant d'Autheurs qui en ont interpreté les liures ; lors que l'occasion se presentera de la refuter, nous
n'auons autre chose à faire que de
consulter les anciens Peres de l'E-
glise, grand nombre desquels ont
parfaictement bien trauaillé sur ce
subiect. Et auec eux encore Liranus,
Samuël Riccius, & Hierosme de
SaincteFoy, qui ayans tous dés leurs
ieunesse apris la langue Hebraique,
viuants parmy les Iuifs & s'y estant
aussi beaucoup instruits par la lecture des Rabbins, quoy qu'ils n'ayent
faict que de mediocres ouurages,

n'ont pas laiſſé néantmoins de s'acquerir vne aſſez grande gloire ; Et
telle veritablement que celle qu'ont
depuis meritée par de plus grãds volumes Philippe de Mornay, la lecture
des autres œuures duquel eſt pour
reprouuée, auec de la Coſte & Delphinius; mais celuy qui auec vn plus
grand effort, comme auſſi auec vn
plus heureux ſuccez, a trauaillé ſur
ceſte matiere, c'eſt Pierre Galatin,
Moiné de l'Ordre de S. François, ou
pluſtoſt Raimond de Sebonde Medecin de profeſſion, duquel outre
les liures de la Theologie naturelle,
on garde encore à Tholoſe dans la
Bibliotheque du Collegé de Foix,
deux gros volumes intitulez, *Pugio
fidei*, le poignard de la Foy; d'où ſi l'õ
en doit croire Ioſeph Scaliger, Galatin a tiré & tranſcrit tout ſon Liure ſãs
parler du nõ de Sebonde, non pas
tant à cauſe de la grãde hayne que
Scaliger malicieuſemẽt, & peut eſtre
ignoramment ſuppoſe eſtre entre la
famille de S. Dominique, & celle

de S. François, que pour ce qu'ayāt
enrichi cét excellent œuure de quelques additions, & l'ayant poli, il a
creu auoir droict de se l'attribuer.
Mais si Galatin a faict cela, & si c'est
pour ces raisons là, ou pour d'autres,
c'est à vous d'en iuger, Monsieur,
qui auec vn grand aduantage auez
surmonté toutes les difficultez de la
langue Saincte, & qui en auez leu
plus de liures, & meilleurs que pas
vn de ceux qui sont à present, ie ne
diray pas seulement de vostre aage,
mais aussi de vostre profession. Apres
la Religion Iuifue, & la Mahometa-
ne, suiura la Chrestienne, laquelle
pour le regard du temps qu'elle a
esté establie dans le monde, est au
milieu des deux precedentes : mais
pour ce qui est de l'excellence de
ses preceptes, & pour leur certitu-
de, est la plus excellente de toutes
les autres ; estant mesme la seule de
la verité de laquelle il n'est pas permis de douter sans crime. Mais pour
ce que ceste loy n'a pas esté par son

E iij

Autheur luy mefme publiée aux infidelles & aux Payens, s'eftant contenté d'en ietter les fondemens parmy le peuple Iuif, pour la perfuader
aux nations qui n'en font pas encore
informées, lors que l'occafion s'en
prefentera, ie croy qu'il ne fera pas
mal à propos de fe feruir des raifons,
qu'ont inferées le Ciceron Chre-
ftien, c'eft à dire Lactance en fes liures des diuines Inftitutions, Tertu-
lian en fon Apologetique, Minutius
Fœlix en fon Octauius, Arnobe en
fon œuure contre les Gentils, Theodoret en fon liure de la guerifon des
mauuaifes opinions des Grecs, Saluian dans fes liures veritablement
tout d'or, de la prouidence Diuine,
& le Docteur Angelique S. Thomas,
en fa fomme contre les Gentils ; laquelle certes pourroit feruir toute
feule, tant elle eft remplie de bons
fentimens, de raifons, de fubtilité,
& de doctrine. L'on peut femblablement tirer beaucoup de feruice en
cefte occafion des liures de la proui-

dence de Thomas Brauuardin, qui
pour la subtilité, & pour le poids des
raisons, marche presque d'vn pas esgal auec S. Thomas; comme aussi du
triomphe de la Croix de Hierosme
Sauanarole, & des liures de la Religion Chrestienne de Marsille Ficin, & de Louis Viues; lesquels encore que ce soit auec de meilleur Latin, n'ont pas moins à propos que
les autres traité de ceste matiere,
Augustinus Steuchus Eugubinus,
recueillant les labeurs, & compilant
les raisons de tous ces precedens
Autheurs, à faict vn excellent ouurage, où combattant les infidelles
& leur coupant la gorge auec leurs
propres armes, & auec leurs autho-
ritez mesmes, il a beaucoup aduancé les affaires de la Foy; laquelle
veritablement doit estre prouuée
par de semblables argumens des hômes doctes, sans y employer des ob-
seruations Astrologiques, comme a
faict Pierre d'Ailly; ou des raisons
naturelles, ainsi que Raimond Lulle,

E iiij

& Sebonde ; ou mefme des medita-
tions Philofophiques, comme vn
certain Petrus Montuus ; veu que
toutes ces badineries, & ces vaines fubtilitez là font hors de faifon,
lors qu'il s'agift de traiter de Religion, qui veritablement eft L'affaire
la plus importante, la plus grande,
& la plus ferieufe qui fe puiffe pre-
fenter. Et c'eft en ce choix là des raifons que le iugement d'vn homme
fage & bien verfé à la Politique, peut
beaucoup fe faire paroiftre. Mais
par ce que les herefies qui font du
tout contraires à la paix, & à la tran-
quilité Chreftienne, ont mefme dés
la naiffance de l'Eglife donné beaucoup d'affaires & fufcité de fafcheu-
fes trauerfes au monde, lors que faifant combatre les villes & les natiõs
enfemble, elles les iettent en de ma-
nifeftes perils, & produifent tant de
calamitez que l'on a toufiours iugé
tres-neceffaire de s'oppofer de toutes fes forces à leur accroiffement ;
ainfi que l'a tres bien monftré Louis

leRoy dans vn petit liuret qu'il a fait en François, des troubles & des differens arriuez entre les hommes, par la diuersité des Religions, &c. Pour executer plus facilement & plus cõmodement ce dessein, il ne seruira pas peu de s'instruire des fraudes, de l'esprit, des mœurs, des sentimens, & des maximes erronées des anciẽs Heretiques, dans les liures de S. Hilaire, de Philastrius, de Perpinian, & d'Alphonsus à Castro; de celles des Pelagiens dans Vuorstius, dont le liure peut seruir d'Apendice à l'histoire Ecclesiastique; & de celles des Lutheriens dans Florimond de Raimond, & dans la continuation de son liure imprimee à Paris, sans que l'Autheur y ait mis son nom, celuy qui l'a faict s'estant mõstré beaucoup inferieur à Florimond de Raimond, en eloquence, en iugement, & en diligence. Il sera bon encore de lire Cassander, qui ouuertement s'est efforcé d'accorder les differens de la Religion, mais auec plus de

pieté que d'esprit ; & Melchior Canus qui a essayé de faire la mesme
chose veritablement auec plus d'esprit que de pieté, mais certes auec
vn admirable iugement ; à peine se
peut-on imaginer combien l'esprit
des Politiques est aiguisé & subtili-
sé, & comme par la lecture de ceste
forte des liures il est excité à bien
deliberer, & donner de bons conseils, lors que l'occasion se presente
de traiter de ces matieres, lesquelles sont d'autant plus importantes,
qu'elles ne concernent pas seulemét
le salut d'vn ou deux hommes, mais
le plus souuent de tout l'Estat ; & que
d'elles despendent les principaux
motifs de la paix & de la guerre.

Les confederations, les ligues, les
alliances, & les amitiés contractées
entre les peuples voisins, & plus puissants, sont encore de grãd poids dãs
vn Estat ; car soit que l'õ les face pour
repousser vn ennemy qui vient assail-
lir, ou pour entretenir le commerce,
où pour quelque autre semblable

cause, l'on ne peut pas douter qu'elles ne foyent extrémement neceffaires aux Princes & aux Republiques. Voyla pourquoy ie fuis infiniment fafché de n'auoir pas maintenant en ma memoire les Autheurs qui peut eftre ont efcrit de cefte matiere les plus belles chofes & les plus dignes d'eftre fceües & cognües. Il me refouuient pourtãt qu'il y a quelque traicté entre les opufcules de Brunus, qui peut beaucoup feruir à cefte cognoiffance ; & qu'entre les liures Politiques de Iean Botero, il s'en trouue vn qui porte pour titre, *La lega* ; d'ailleurs qu'Emery de la Croix Parifien, dans le liure du nouueau Cynée qu'il a faict pluftoft par recreation d'efprit que pour aucune opinion qu'il euft que l'aduis qu'il donne peuft iamais reuffir, s'eft efforcé de faire ouuerture d'vn moyen par lequel tous les Princes de la terre pourroient s'accorder enfemble, & traicter vne paix generalle les vns auec les autres, comme femblable-

ment ces tres eloquents hommes
Baudius & Puteanus, en traictant de
la treve des pays bas, vn certain le
Guay en vn difcours des alliances,
& du Ferier, en fon Catholique
d'Eftat, lors que fouftenans par diuerfes raifons, que les Princes Chre-
ftiens fe peuuent allier auec les infidelles ils ont inferé dans leurs efcrits
beaucoup de chofes lefquelles auec
ce qui fe peut apprendre par la continuelle lecture des hiftoriens qui
rapportent diuers traictés entre les
Princes, leurs caufes les plus fecrettes, & les articles des conditions a-
uec lefquelles ils ont efté faicts,
comme font Polibe, Guichardin, &
M. de Thou & les autres , peuuent,
comme il n'en faut poinct douter,
fournir de grandes inftructions , &
les faire infenfiblement couler dans
l'efprit des Politiques pour les rendre plus capables de la façon dõt ils
fe deuroient conduire lors qu'il fera queftion de faire de femblables
confederations.

Or pour ce que ces alliances & ces ligues se font ordinairement ou pour entreprendre la guerre à dessein de repousser vn ennemy commun , ou de se ietter sur luy ; ou pour entretenir la paix ; ou pour auoir les choses necessaires à la vie par le moyen du commerce. Au regard de ce dernier poinct qui consiste à la cognoissance des choses dont on doit faire achapt, d'où &côment on les peut auoir, cela se peut mieux apprendre par l'vsage &par la communication iournaliere auec ceux qui sont experimentez en telles choses, que par l'estude qui se peut faire dans les liures; l'on peut neantmoins estre secouru par les relations, par les Iournaux,&par les nauigations des Holandois & des Espagnols, qui sont à present presque les seuls qui font des voyages en diuerses parties de la terre,& qui ont acoustumé de visiter les Indes tant orientales que occidentales, pour y faire emploite des marchandises qui s'y trouuent; les liures aussi de l'his-

toire naturelle des choses estran-
geres, comme sont celles de Ioseph
Acosta, de Clusius, de Garsias
Abhorto, & la Mexicane du Prince de Cæsi, que tous les doctes regrettent estre si long temps
cachee & enuiee au public, peuuent
encore ayder à s'acquerir ceste cognoissance. A quoy ne sera pas semblablement inutile la lecture des liures de Georgius Agricola, de Fer-
rand Imperat, de Gesner, de Boëce,
de Bohot, de Lucas Pœtus, de Cœ-
nalis, de Garaudus, & des autres qui
ont escrit des minieres, des metaux,
des pierres, des monoyes, des poids,
des mesures, & des Tariffes, comme
les appellent les Italiens, pour ce
que c'est en toutes ces choses la que
consiste la plus grande partie du
commerce. Et bien que quelques
Autheurs encore viuants dans leurs
conseils & dans leurs instructions a-
yent voulu donner quelques aduis
plus precis concernant ceste matiere, ils l'ont neantmoins faict si froi-

dement que ie n'eſtime pas qu'il ſoit neceſſaire de ſe mettre en peine de rechercher leurs noms.

Pour ce qui eſt de la paix & de la guerre, ie ne cõſeilleray pas de s'ar-reſter aux declamations qu'Eraſme & quelques autres en ont faictes, veu qu'elles ſont plus propres à eſtre leües dans les eſcholes, qu'à la Cour, & que dans vne aſſemblée de Con-ſeillers d'Eſtat; mais tout ce qui doit, à generalement parler, eſtre ſur ce poinct conſideré, ayant pris vne diſ-penſe des cenſures de l'Egliſe, ſe peut commodement apprendre dans le liure, *de Iure pacis & Belli*, du tres docte Hugo Grotus ; mais ſi l'on veut ſeulement conſiderer les choſes particulieres, & qu'il ſoit be-ſoing de traicter s'il eſt expedient de faire la guerre, & de reſtraindre la puiſſance des Turcs, des Eſpagnols, & des Heretiques, leſquels ont fourny d'occaſion aux principales & aux plus grandes diſſenſions, dont à preſent & cy deuant toutes les pro-

uinces de l'Europe semblent auoir
esté malheureusement troublées &
agitées. Au regard des Turcs, pour
ce que l'on n'est pas en peine de
chercher quel droict l'on a de leur
faire la guerre, mais seulement par
quels moyens ils peuuent estre vain-
cus, ce dernier poinct a esté touché
au moins de la pensée & par des con-
iectures, par Augerius Busbequius
Allemand, Lazare Soranzo Veni-
tien, Iean Botero Piedmontois, &
par les sieurs de Breues & de la Noüe
François. Quant aux Espagnols y
ayant plus de difficulté à trouuer des
raisons que des moyens de leur faire
la guerre, pour ce que les opiniõs des
politiques sont differentes sur leurs
pretensions, & sur les acquisitions de
leurs nouueaux Estats, pour estre es-
clairci sur ces difficultez, l'õ doit voir
vn liure que Balthazar Cõseiller, Aduocat du Roy à Auxerre, a faict des
Royaumes & des Prouinces, qui ayãt
autrefois appartenu aux François,
sont à present iniustement retenus

par

par les Espagnols, auec la responce
que Iulius Cerinsyafaicte. Côme aussi les diuers discours publiez de part
&d'autre sur la succession pretenduë
par les Espagnols au Duché de Bour-
gongne, sur leur vsurpation de la
Nauarre, sur leurs pretensions au
Marquisat de Môht-ferrat, & sur
beaucoup d'autres differens semblables, qu'ils ont eu auec quantité
d'autres Princes. A tous lesquels l'ô
peut adiouster le liure Politique de
Thomas Campanella, de la propa-
gation de la Monarchie des Espagnols, composé premierement en
langue Italienne par son Autheur,&
depuis traduit en Allemand. Enfin
au regard des Heretiques, pour ce
que l'on est en peine de rechercher
non seulement les moyens, mais aussi quel droict l'on a de leur faire la
guerre, & de les destruire, il est certain que plusieurs d'entre les Theo-
logiens, & les Politiques ont assez
monstré le droict que l'on a de les
chastier, comme Claude de Sain-

F

ctes, Louis d'Orleans, Gaſpard Schiopius, & d'autres. Mais il y en a peu, ou pluſtoſt point du tout, qui encore ayent enſeigné l'art de ſe ſeruir de ce droict, ny qui ayent declaré les moyens de ſe deffaire, ou de chaſſer loin de nous les Heretiques.

Ces differens qui naiſſent pour les droicts des Royaumes, & ces matieres de guerres, ſont ſuiuies par les querelles qui ſe forment pour les prerogatiues, & pour les droicts honorifiques, non ſeulement d'entre les Rois de France & d'Eſpagne; mais auſſi entre les autres Princes de l'Europe, voiré meſme entre les Prouinces & les Villes particulieres. Car comme il eſt naturel à tous les hommes de deſirer auec paſſion l'honneur & la loüange, & qu'ils ſe perſuadent que ce qu'ils ont de bon ſeroit mal recognu, s'il n'eſtoit preſenté auec quelque eſpece de vanité & de gloire, tirée le plus ſouuent de quelques marques tres-vaines de

splendeur ; c'eſt comme i'eſtime ce
qui a donné ſubiet à deux tres celebres Iuriſconſultes à Chaſſanee & à
Tiraqueau, de compoſerleursliures,
l'vn de la gloire du monde, & l'autre de la Nobleſſe, dans leſquels ils
ſe ſont efforcez d'aſſigner, ſi ce n'eſt
à toutes choſes, au moins aux plus
excellentes, le lieu de dignité qu'ils
ont creuqu'ellespouuoient iuſtemēt
meriter, d'où depuis pluſieurs Autheurs ont pris occaſion d'eſcrire de
la dignité des Peuples & des Empires, auec d'autant plus d'affection,
& d'opiniaſtreté, qu'ils y ont eſté
portez, ſoit par les liens d'amour en-
uersleurs pays, ſoit pour y auoir o-
bligé leur Foy, ſoit par l'admiration
de la vertu, ou qu'ils y ont encore
eſté engagez par d'autres conſide-
ratiōs particulieres. Comme veritablement nous voyons que Valdeſius
l'a faict pour les Eſpagnols, en vn liure qui n'eſt pas moins inſolent &
iniurieux qu'il eſt gros. Et pour les
François Viualdus, Iean Feraned,
F ij

André du Chefne, & plufieurs autres qui ont trouué plus à propos de
cacher leurs noms. A l'exemple de
ces deux nations, la maifon d'Eft,
celle de Medicis,& beaucoup d'autres maifons des Princes, ont difpu-
té de la preeminence ; ayant faict
publier de part & d'autre force efcrits fur ce fubiet. Il y a mefme des
villes qui entre elles ont eu le mefme different comme Pauie, & Cre-
mone, Panorme & Meffine,& quelques autres femblablement. I'aduoüe que i'aurois beaucoup à dire
fur cefte matiere, fi ie faifois eftat
de me charger de tout ce qui fe pre-
fente iufques aux chofes les plus petites & les plus communes, & non
pas de propofer feulement les vtiles
& les neceffaires. Mais ie ne veux
pasobmettre pourtant,que l'on peut
trouuer plufieurs chofes qui peuuët
feruir à decider ces differens, des
oraifons faictes en forme de declamations, ou la queftion eft difputée
de part & d'autre, fçauoir à qui de

routes les natiõs de l'Europe la pre-
sceance doit estre donnee; & qui depuis peu ont esté publiees par vnAu-
theur Allemand, auec vne grande
varieté de doctrine; comme aussi des
liures de ceremonies faictes enFran-
çois par le tres-docte Godefroy, &
en Italien par Paris de Grassis, & autres.

Il reste à parler de l'accroissement
des citez, & de ce qui leur est tout à
faict contraire, sçauoir de l'imposition des tributs, des querelles d'entre les Citoyens, de leurs haynes, &
de leursinimitiezparticulieres.Pour
ce qui est du premier poinct, qui
concerne l'accroissement des villes
& des Estats, Iean Botero, & Hypo-
litus à Collibus en ont escrit beaucoup de choses tres-excellentes, &
mesme extremement vtiles en des
liures qu'ils ont exprez composez en
ceste matiere.

Au regard du second poinct, qui
est de l'imposition des tributs, pour
ce que cela despend le plus souuent

ou de la neceffité, ou de la volonté
des Princes, lefquelles ne reçoiuent
point de loy, cela eft caufe qu'il fe
trouue peu d'Autheurs, qui ayent
voulu donner des aduis Politiques
fur ce fubiet; voila pourquoy ie n'al-
legueray que le feul Scipion de
Grandmont, qui dans le liure qu'il
a faict imprimer fous le tiltre de De-
nier Royal, propofe plufieurs chofes qui peuuent fecourir à l'illuftra-
tion de cefte matiere, & quant &
quant à recreer l'efprit des lecteurs,
le repaiffant d'vne double nourriture, par la varieté de la doctrine, &
par la rareté de plufieurs agreables
obferuations.

Mais pour ce que les opinions des
hommes fe laiffent cõduire par l'authorité, qu'elles font attirees par l'e-
loquence, & que par efprit, & par
addreffe elles font adoucies, & cõme de la cire facilement ployees,
tantoft d'vn cofté & tantoft de l'autre ; de là vient que beaucoup d'Autheurs ont efcrit quantité de chofes

de l'honneur, & de ce qui le blesse & l'offence, d'où naissent les inimitiez priuees, & l'occasion des duels; comme encore de la restitution, & reparation de cét honneur, tout cela ne consistant qu'en l'opinion. Entre ces Autheurs, ceux-là doiuent estre leus les premiers, qui dans leurs escrits ont traité de la nature, & de l'essence de la Noblesse, de la gloire & de l'honneur; comme il me semble qu'ont faict excellemment Flaminius Nobilius, & Typotius en des traitez élegans, & d'vn stile trespur; Simon Simonius en vn docte & Philosophique discours : & Bernard de la Mirande, Euesque de Cassate, en cét œuure accompli des Dialogues de l'honneur, qui premierement a paru en Italien, sous le nom de Iean Posseuin, & apres par ie ne sçay quel hazard en François. Et quoy que Iean Baptiste de Suze, Medecin de Mantoüe, & Antonius Massa, se soient efforcez de renuerser & de destruire entierement ses raiſons ; neantmoins Bernard de la Mirande, luy meſme s'eſt ſi bien deffendu dans vn autre liure qu'il a fait de *ſingulari certamine*, du duel, qu'outre les raiſons tres-ſolides qu'il contient, il y a encore employé tāt d'autres bonnes choſes qu'elles luy peuuent acquerir entre les Philoſophes vne reputation nō ſeulement eſclatante & illuſtre ; mais qui doit demeurer immortelle durant tous les ſiecles. Ces Autheurs eſtans leus, il faut paſſer à l'examen des loix, & des conditions du combat ſingulier, leſquelles ſont ou generales, ou particulieres, & propres à châque natiō ; comme pourroient eſtre celles que les François ont receuës de leurs anciens Rois, qui les ont eſtablies, & qui ont eſté recueillies enſemble, & publiees, ie ne ſçay ſi c'eſt par Scauaron, ou par quelque autre, Boyſſat, du Pleix, d'Audiguier. Entre les Italiens il ſe trouue pluſieurs Autheurs qui ſe ſont rendus les cenſeurs & les arbitres des raiſons, que

l'on peut auoir de se battre en duel,
& des moyens de pacifier les querelles ; celuy qu'à cause de sa doctrine & de la pureté de son eloquence,
ie vais nommer le premier, c'est
Mutio Iustino Politain, & en suitte
Baptista Oleuanus, & François de
Birague, qui dans vne tres-noble,&
tres-subtile dispute, nous explique
toute ceste matiere. Au regard de
Fabius Albergatus, encore que pour
la beauté de son stile, il puisse plaire
aux oreilles les plus exactes, & les
plus purifiees ; neantmoins il a bien
moins de vigueur que les autres dans
tout son œuure ; ioint que souuent
il s'arreste a des inimitiez, & à des
choses de nulle estime. Ie sçay bien
qu'il y a plusieurs autres Autheurs,
qui ont traité des moyens, comme
parlent les Italiens, *di far pace in via*
Caualeresca, mais pour ce que ie ne
les cognois pas assez, ie ne trouue
pas à propos d'en dire aucune chose
non plus que d'Alciat, ny des autres
Iurisconsultes, qui ont escrit des

duels, & de l'appointement des querelles des particuliers.

Ayant proposé les autheurs qui ont
donné des aduis, des preceptes, &
des cõseils sur les affaires qui se presentent ordinairement en l'administration des Estats; selon l'ordre que
nous nous sommes prescrits, il est,
temps que nous commençions à de-
clarer ceux par la lecture desquels
ceux qui gouuernent & qui manient
les affaires publiques peuuent deuenir meilleurs & plus excellents ; Et
parmy ces personnes-la, les Rois &
les Princes, se presentent à propos
les premiers, puis qu'il est sivray que
c'est de leurs mœurs & de leur bonne instruction que despend la bonne
fortune des hommes ; que l'on ne
peut nier qu'ils ne soient alors parfaictement heureux, lors que ceux
qui tiennent le gouuernail des Republiques, apuyent leur authorité
non seulement par l'assistance de
leurs gardes & par le secours d'vn
grand nombre de gens de guerre ;

mais mesme s'ils fortifient & s'ils rendent illustre leur dignité, en employant leur trauail à l'expedition des affaires, en faisant paroistre de la force & de la constance dans les perils; de l'industrie & de l'adresse dans leurs actions, & de la promptitude à les executer : Et enfin en vsant de prudence & de bons Conseils lors qu'il est question de pouruoir aux accidents qui suruiennent. Comme au contraire toutes choses leur arriuent autrement si au lieu de Roys l'on leur donne pour gouuerneurs des Tyrans; à propos duquel mot il est necessaire de remarquer, que ce n'est qu'en ces derniers siecles qu'il a esté pris pour vn meschant & iniuste Prince, comme Suidas l'a tres bien obserué sur le mot de τύραννος. Et apres luy le tres-sçauant Cardinal Bessarion dans le liure qu'il a faict contre les calumniateurs de Platon; & qu'il se iustifie encore par les authorités des tres excellens Poëtes, Virgile dont ce vers

est dans toutes les boûches & dans
tous les liures.

> *Pars mihi pacis erit dextram tetigis-*
> *se Tyranni,*

pour dire

> *Et ie tiendray la paix arrestée auec*
> *moy,*
> *Si ie puis promptement toucher la*
> *main du Roy,*

Et Silius Italicus qui parlant de
Hieron tres-bon & tres parfaict Roy
de Siracuse, employe cét autre vers.

> *Vos etiam Zanglem Siculi contra arma*
> *Tyranni*
> *Iuuisse egregium &c.*

Qui signifie

> *Quoy ne crustes vous pas qu'il estoit*
> *honorable*
> *D'assister d'vn secours puissant & re-*
> *doutable*
> *Zancle l'infortunée alors qu'vn puis-*
> *sant Roy*
> *Voulut auec le fer la sousmettre à sa*
> *loy ?*

Ce que ie dis afin que lors que lisant
Platon, Aristote, & Xenophon, l'on

y rencontre des loüanges & des difcours du deuoir du Tyran, nous ne
penſions pas comme a faict George
de Trapezunce, que ces Autheurs
ayent aprouué la Tyrannie. Car tant
s'en faut que cela ſoit iamais tombé
dans leur eſprit, qu'au contraire il n'y
a pas vn des anciens qui ait parlé
plus excellēment & plus ſagement
qu'eux de la charge & du deuoir
d'vn bon Prince, iuſque là que Caton dans Ciceron s'efforce de perſuader à Scipion & Lelius, que les liures de Xenophon ſont fort vtiles à
beaucoup de choſes, & qu'il les ex-
horte meſmes à les lire ſoigneuſe-
ment. Cet Autheur à dire vray s'e-
ſtant faict voir tellement admirable
lors qu'il a dépeint Cyrus qui ſans
doute eſtoit vn meſchant impie &
malheureux Prince, non pas ſelon la
verité de l'hiſtoire, mais comme l'i-
mage & le modelle, d'vn tres iuſte,
tres moderé, & tres-vertueux Roy,
que non ſeulement l'on peut auec
raiſon luy pardonner ſon menſonge

mais mesme donner vne grande ap-
probation à tant de preceptes & d'aduis salutaires que contiennent ses
profitables escrits, l'ingenieux Poëte
Claudian, Porphire, Optatian, Sidonius Apolinaris, auec tous les anciens Panegyristes Latins imprimés
en vn volume, n'ayant rien souhaité
d'auantage, que de loüer le naturel,
les mœurs, les sages discours & toutes les belles actions des bons Princes & par ce moyen d'allumer des
flambeaux comme dessus des pha-
res pour estre veus de plus loing, &
pour estre suiuis de la posterité, sans
doute leurs ouùrages ont beaucoup
de force, sont de grande importan-
ce, & ne peuuent pas seruir de peu à
l'instruction des Rois, veu mesmement que tant d'exemples tres-illustres, tant de vertus heroiques & presque diuines se respandent & passent
tres facilement dãs les esprits y estãs
portez par le vehicule des discours de
ces grands orateurs, dont le stile est
tres pur & tres exact, & qui se sont

seruis d'vne façon de parler autant admirable pour la gentilleſſe de l'inuention, comme elle eſt belle & agreable pour l'abondāce deslieux, & des figures oratoires, des excellentes maximes, & des riches matieres; Enfin comme elle eſt vtile, auguſte, naturelle, propre, & par tout claire &intelligible. Deux tres-excellents Autheurs S. Thomas, & Gille de Rome dans les liures qu'ils ont faicts du gouuernement des Princes, ayant negligé la beauté de la diction, ſont veritablement remplis de beaucoup d'impuretez& bleſſent auec leur rudeſſe les oreilles de ceux qui ſont acouſtumez à la douceur du langage Latin; neantmoins il ne ſe trouue poinct que ſelon le deſtin deleur ſiecle ils ayent ſuiuy des ſonges monſtrueux, ou des groteſques impertinentes,mais au contraire par vne lecture continuelle&par vne ſoigneuſe meditation, ils ont donné des teſmoignages qu'ils auoient l'eſprit plein de toutes ſortes de bonnes lettres, & mesme d'vne exacte cognoisfance des affaires Politiques ; pour venir à bout de leur genereux desfein ; ils ne se sont pas moins laissez emporter à leur genie puissant, & né pour toute sorte de grandes & de difficiles choses, comme aux commandements de leurs Princes, ainsi que cela se voit, pour ne poinct parler de S. Thomas qui l'aduoüe luy mesme au commencement de son liure, dans Paul Emile, qui remarque en son histoire que Philipe le Bel, dés sa plus tendre ieunesse cherissoit tres-particulierement Gille de Rome, & qu'il fut cause de ce qu'il composa le liure du gouuernement des Princes, *de Regimine Principum* que nous auons à present entre les mains. Durant le siecle passé & mesme pendant le nostre duquel on peut iustement dire ce mot ancien.

Sumpserum artes hac tempestate decorem

Nullaque non melior quam prius ipsa fuit,

c'est

C'eſt à dire

Les arts en noſtre ſiecle ont repris leur
honneur,
Ils fleuriſſent par tout auec grand ad-
uantage
Et ne s'en trouue point qui n'ait eu le
bon heur
D'eſtre mieux cultiué que dans ſon
premier aage.

Il ne s'eſt pas non plus trouué faute
de perſonnes qui ont entrepris d'eſ-
claircir & d'expliquer par leurs ouurages la matiere du Gouuernement, entre ceux-la Niphus, & Machiauel ont repreſenté leurs Princes
tels qu'ils ſont pour l'ordinaire ; E-
raſme, Ozorius, Foxius, Natta, Omphalius, Vvimphelingus, tels que
moralement ils deuroient eſtre,
Mambrinus Roſeus, Frachetta, &
Lelius Marettus de Siene dont le liure n'a pas encore eſté donné au public, tels qu'il leur eſt permis d'eſtre
par les loix de la Politique ordinaire
& commune. Et enfin Belarmin, Ri-
badeneira & Scribanius, tels qu'ils

G

deuroient estre se conformans aux preceptes de la Religion Chrestienne. A tous lesquels on tient que doit seruir de comble le Prince que l'illustre de Balzac, vient de faire en François d'vn stile tres-exact & tres poly; mais pour ce que ce liure n'ayant esté imprimé que depuis que ie suis sorti de France, n'est pas encore venu iusque à moy, & que, ainsi que i'entens dire, l'on en a faict des iugemens tout à faict differens, ie n'en puis faire entendre autre chose que ce que les anciens en semblable occasion auoient accoustumé de prononcer selon la formule ordinaire, *non liquet*, ie n'en ay pas assez de cognoissance pour en iuger. Ces personnes publiques & politiques dont i'ay desia commencé de parler, pouuant encore estre beaucoup aydées par la lecture de diuers liures dont il semble que les preceptes les doiuent toucher de plus pres que les autres, i'ay creu qu'il estoit necessaire d'en faire suiure le denom-

brement, comme vn secours desti-
né à chacune d'elles. Et pour commencer par les Princes, personne,
pourueu qu'elle y ait tant soy peu diligemment pensé, ne peut douter,
comme i'estime, que les preceptes
de la vie & des mœurs, & ceux-là
mesmes qui concernent le gouuernement des Royaumes, que les Princes ont mis par escrit, & principalement, qu'estant prés de mourir, ils
ont laissez, & proposez à obseruer à
ceux de leurs familles, à leurs amis,
& à leurs successeurs ne puissent
estre extremement vtiles. Veu que
ce n'est pas vne opinion vaine & ridicule, mais qui est approuuee &
confirmee par le consentemet presque de toutes les nations, que l'ame
estant en estat de sortir du corps, de-
uient beaucoup plus sage, & tesmoi-
gne auoir quelque chose de plus diuin, qu'elle n'auoit pas auparauant,
soit que cela, comme veulent les
Platoniciens, arriue à cause que
lorsque le temps de la mort approche,

noſtre eſprit, commence peu à peu
à ſortir de ſa demeure charnelle, do
ſon eſcaille de neant, & de ſa coquille terreſtre, pour ſe retirer en
vn ſejour tout de feu & tout celeſte,
& que plus il touche de prés à la
mort, plus il ſe ſubtiliſe, entendant
& comprenant alors beaucoup de
choſes que deuant il n'entendoit &
ne comprenoit pas. Iuſques-là qu'il
deuine & preuoit bien ſouuent les
choſes futures, comme ont faict Pa-
trocles au teſmoignage d'Homere,
Orodes au rapport de Virgile, &
Poſſidonïus, comme le remarque
Ciceron; ou bien que l'opinion des
Medecins, & des Peripateticiens,
ſoit plus veritable, aſſeurans que cela ſe faict, pour ce qu'en ceſte derniere diſſolution les deffences exte-
rieures des membres, eſtant deſia
occupees par l'ennemy, les eſprits
qui auoient accouſtumé de combat-
tre dedans, s'eſtans comme de vail-
lans ſoldats, retirez dans la citadel-
le interieure pour la deffendre, ſe

trouuent assemblez en plus grandes
troupes au tour du cœur, qui est le
milieu, & au cerueau qui est le palais royal, y disposant excellemment
de toutes choses, & les resoudant
sagement & ingenieusement, iusques à ce que,

         nec claustra, nec ipsi
custodes sufferre valent,
  Iusqu'à ce que les murs, & la garde
    elle mesme.
  Ne puissent supporter la violence ex-
    tresme.

Et la continuelle & derniere impres-
sion que font sur le corps les mala-
dies. Mais de quelque part que ceste
force extraordinaire vienne à l'esprit ; il est certain que c'est d'elles,
que les dernieres voløtez des hômes,
& les paroles que disent les grands
personnages proches de leur mort,

        Morituri verba Catonis,
  Les discours que Caton proferoit en
    mourant.

attirent de l'estime & de l'authorité, & qui faict qu'elles sont si reli-

gieufement obferuees. Voila pourquoy ny les Politiques, ny moins encore les Princes ne doiuent pas mef-
prifer cefte forte de preceptes, qui
nous eftant donnez par des hommes
fages, & bien experimentez, au mo-
ment de leur vie, ou ils ont efté les
plus fages, ne peuuent qu'ils ne foiēt
remplis de beaucoup de fageffe, &
par confequent tres-falutaires. Et
veritablement l'experience nous
faict cognoiftre pour eftre de cefte
qualité, les aduis & les inftructions
des Empereurs Manuel Paleoloque,
Bafile, & Charles; du Roy de France Louis neufiefme, & de Philipe II.
Roy d'Efpagne, des Papes Paul III.
& Gregoire XV. aufquels on peut
adioufter, comme ayant mefme authorité, les liures de Conftantin
Porphyrogenete, du gouuernement
de l'Europe, & tous les autres liures
femblables que les Princes ont faicts
ou de leurs vies, ou de leurs actions,
ou de celles des autres Princes. Car
ie ne fçay par quel moyen ces grāds

Princes inspirent à leurs escrits vn
Genie plus fort & plus puissant que
n'ont pas accoustumé d'auoir tous
les autres Autheurs, & comme ils
apportent à l'entretien des Muses,
vn esprit bien plus grand, & bien
plus noble que celuy qui se voit ordinairement dans tous les autres liures; ce qui procede comme il est
vray semblable, de ce que la nature
fauorise particulierement de ses plus
heureux & plus agreables auspices,
ce tres-illustre & tres-honneste ma-
riage de l'estude des arts liberaux,
auec la vertu Royale. Ce qui se voit
de la guerre des Gaules, recueilli
dans des commentaires, non pas
par Iulius Celsus comme il semble à
Vincent de Beauuais&à Iean de Sa-
lisberi qui tous deux ont donné subiect d'en douter au tres docte Lipse,
mais par Iule Cesar, par la conduit-
te&soubs le commandementduquel
ceste guerre a esté faicte, doit estre
mis en ce rang. Ainsique le tres-bon
EmpereurAntoninus àescrit non des

G iiij

chemins de l'Empire Romain, qui
doit pluftoft eftre attribué à vn certain Martianus, & qui ne regarde
nullement la matiere dont nous par-
lons; Mais ce qu'il a compofé de fa
propre vie, comme femblablement
le difcours que Iulian l'Apoftat a
faict des Cæfars,&l'hiftoire de la vie
& des actions de Bafile Macedonië,
laquelle a efté veritablement com-
pofée dés il y a long temps par Conftantin Porphyrogenete , mais qui
vient d'eftre prefentement retirée
des tenebres, & reftablie en fa premiere beauté par Leo Allatius tres-
fçauant homme & noftre tres parfaict amy, dont ie ne fçay fi ie dois
dauantage admirer la doctrine inef-
puifable, qu'il employe pour donner
la perfection à fes propres ouurages; ou la diligence auec laquelle il
tire des tenebres, & il efclaircit ceux
des anciens. Et quoy que l'extreme
bienueillance dont il m'a tres-eftroi-
ctement obligé, peuft s'oppofer au
iugement que ie fais de luy, neant-

moins ceux qui veritablement peuuent estre les plus capables, & les plus equitables estimateurs de ces choses la, n'auront pas subiect d'en auoir vne moins bonne opinion que moy, apres qu'il aura faict publier dix volumes de diuerses antiquitez, par la richesse desquels il n'est pas croyable combien la Republique des lettres va receuoir de profit & de gloire. mais pour reprendre la matiere dont il semble que ie me sois vn peu esloigné, les Apophtegmes ou les paroles memorables des Princes les plus sages tendent encore à mesme but, que les enseignements precedents. Il y a de ces Apophtegmes des Princes lesquels sont particulierement recueillis comme sont ceux d'Alphonce, par Antoine de Panorme & par Aeneas Siluius, ceux de Mathias Coruinus, par Galeotus Martius, & ceux d'Alexandre de Medicis, par vn certain Italien, & d'autres de plusieurs illustres personages lesquels ont esté mis ensemble

& diſpoſez par lieux communs comme il me ſouuiét que cela a eſté faiĉt
par vn Autheur de Louuain. Au regard de ceux de Plutarque, de Lico-
ſtene, & d'Eraſine pour ce qu'ils ont
indifferemmēt recueilly les Apophtegmes de toutes ſortes de perſonnes, ils ne ſont pas d'ordinaire leüs
par les Princes à qui veritablement
les abregez ſont plus profitables, &
qui ne veulent poinĉt receuoir d'e-
xéple s'ils ne viennent de leurs ſemblables. Voila pourquoy il leur ſera
tres-vtile encore de s'exercer diligemment à la leĉture desHiſtoriens,
qui ont eſcrit les vies des plus vail-
lans & des plus illuſtres Princes; &
de conſiderer dans la vie qu'a faiĉt
Alphonſe Vlloa, de Charles Quint,
les vertus d'vn grand Empereur; de
deſcouurir dans la vie de Louis XI.
de Philipe de Comines, & de P.
Matthieu, les fineſſes & les ruſes
d'Eſtat: dans le Schanderbech de
Barlette, de s'exciter à pourſuiure
les triomphes & les honneurs, qui

s'acquierent par la valeur militaire,
& generalement de chercher dans
tous les autres semblables Autheurs,
ces vertus, sur l'image, & comme sur
l'idee desquelles ils puissent par a-
pres former leurs actions, & se faire
paroistre tels qu'ont tousiours esté
ceux qui sans aucune faueur, & sans
l'assistance d'aucuns amis sont montez par leur propre merite au gouuernement des Royaumes, & aux
supremes dignitez.

Iusques icy nous auons parlé du
Prince auec vn bien long discours
à la verité, pour ce que tel qu'il est,
tels sont aussi ses Ministres, desquels
nous ne deurions rien dire en la suitte de ce traité, si par vn tres-bon &
tres-sage Prince ils estoient choisis
correspondans aux deuoirs, & à la
dignité de ceste charge, par l'integrité de leur vie, & de leurs mœurs,
& par la cognoissance des choses necessaires à s'en acquitter comme il
faut. Mais pour ce que cela n'arriue
que tres-rarement, acheuez mon

cher Gasarel, de courir gaillarde-
ment le reste de ceste Bibliographie,
afin que vous voyez par quels liures
peuuent estre instruits à soustenir excellemment leur dignité, ces Her-
cules Politiques, qui auec leurs A-
tlas doiuent sur leurs espaules porter
le faix, si ce n'est de tout le monde,
au moins des tres-grands & tres-
puissants Royaumes. Ces Ministres,
& ces principaux Conseillers des
Princes sont de deux sortes : car les
vns sont tirez d'entre ceux à qui le
Prince par vne affection insensee &
desordonnee, & pour ce qu'ils par-
ticipent ensemble à quelques crimes, s'abandonne entierement,
se laissant en toutes choses conduire
à leurs volontez, comme sont ceux
que nos François, & les Italiens, à
cause de la grande faueur que le
Prince leur porte communement,
mais honteusement & malheureusement pour eux, appellent Fauoris.
Et les autres sont ceux qui par les
degrez des vertus, sont montez aux

hõneurs, & qui ne recherchentpoint d'autres prix de leurs labeurs, que la satisfaction d'auoir trauaillé pour le bien de leur pays, & d'estre en bonne estime parmy les honnestes gens. Pour ce qui est des premiers, il n'est pas raisonnable de leur donner des instructions; & quand on le voudroit faire, cela ne seroit pas bien facile, veu qu'ils se gouuernent plus par passion, & par boutade, que par raison ; & quoy que pour l'ordinaire leurs commencemens, soient bas & obscurs, neantmoins par vne temerité, & par vne hardiesse impudente, ils ne laissent pas de porter leurs desseins à toutes sortes de mauuaises actions, n'estãt capables de receuoir aucun autre conseil que celuy-cy d'Horace.

Dum tua nauis in alto est
Hoc age ne mutata retrorsum te ferat
aura,

ce qui signifie à peu pres.

Tandis que ton nauire à le vent fauo-
rable

Aduance, & sans tarder tasche à gai-
gner le port,
De crainte que changeant la fortu-
ne muable
Te reiette bien loin par vn contraire
effort.

Neantmoins si pour acquerir la faueur des Princes ils vouloient prati-
quer l art d'Ephestion, plustost que
celuy de Seian, ils en pourroient voir
les premiers preceptes naisuement
tracez en vn liure Des deuoirs des
petits enuers les grands que Iean
Casa a ioinct comme vn apendice à
son Galatee; & lors que comme les
enfans ils auront apris auec ce petit
secours à marcher fermement, &
qu'ils auront besoing d'vne instruction plus releuee, ils pourront consulter le commentaire Italien que
Camillus Baldus a escrit sur l'Epistre
qu'Antonio Peres adresse à vn sien
amy pour l'instruire des moyēs qu'il
doit tenir pour se conseruer l'amitié
d'vn Prince; & les liures composez
en la mesme langue Italiene de Le-

lio Maretti Gentilhomme de Sienne, qui traicte de la mesme matiere, mais qui n'ont pas encore esté, que ie sache, imprimez, & les liures encore d'Ascanius Philomarinus, Camerier du tres docte, tres-vertueux, & tres-Eminent Cardinal François Barberin. Au regard des autres Ministres qui n'ont rien en plus grande recommendation que de conseiller aux Princes les bonnes, & les raisonnables choses, qui n'ont poinct d'autre desir que d'assister, & secourir leur pais en sa necessité, de procurer sa conseruation, & de trauailler pour le bien commun des peuples, de preuenir toutes les causes des seditiõs, & de mettre ce qui est de leur interest, & de leur propre conseruation apres les interests & la conseruation du general ; Ceux la certes doiuent estre bien autrement considerez,& doiuent receuoir vne bien autre instruction que les precedents. Deux choses leur estant extremement necessaires à l'execution de leurs

sainctes intentions, la parole & la sagesse. Pour ce qui est de la parole principalement de celle qui est simple & nüe, de laquelle on se doit seruir aux entretiens communs & familiers, & aux affaires dōmestiques, le mesme Camillus Baldus en a donné des preceptes. Pour l'autre sorte de parole qui doit estre exprimée auec plus d'art que la precedente, & celle qui doit seruir quand il est question de deliberer des affaires d'Estat & des autres matieres graues, & importantes, i'ay autrefois eu dans mes mains vn petit liure, que son Autheur auoit en sa langue intitulé, *del parlar senatorio*, auquel l'on peut adiouster l'œuure tres-elegant que Louis Viues, a faict de la facon de consulter, *de consultatione*, auec vn autre du consistoire, *du consistorio*, de Gabriel Paleotus, dans lequel ce grand personage assemblant diuerses matieres esparses, esclaircissant les obscures, donnant du lustre à celles qui estoient rudes, & mal polies,
remettant

remettant en bon ordre ce qui estoit
auparauant confus, & y recueillant,
& y disposant auec vn singulier iugement, & vne exacte diligence toutes choses qui semblent plus particu-
liérement regarder les Cardinaux,
ne laisse pas d'y auoir inseré quantité de bonnes instructions, qui auec
raison ne doiuent pas estre estimees
inutiles, aux principaux, & aux plus
secrets ministres des Rois & des Princes, soit qu'ils veuillent rendre leurs
discours plus polis & plus abondans,
soit qu'ils desirent orner leurs ames
des preceptes de la sagesse. Ils peuuent faire encore vn tres grand fond
des œuures de Gabriel Zinarus & de
Hippolitus à Collibus qui tous deux
en langues differentes ont escrit de
la charge du Côseiller, *de Consiliarij
officio*, & de celles de Simon Harouol
Seius, ieune homme Polonois, qui
a faict vn liure du Conseil, *de Consi-
lio*, rempli de tant d'elegance & de
tant de douceur que non seulement
son pais, mais la langue Latine mes-

me en reçoiuent beaucoup d'honneur & de loüange, & pour ce qu'il arriue assez souuent que les Cardinaux sont mis au nombre de ceux par la fidelité, & par l'authorité desquels les affaires secrettes de la Cour, & du cabinet des grands Princes sont administrées, il ne sera pas mal à propos pour se faciliter les moyens de soustenir cet employ auec plus de dignité, qu'ils employent quelque temps, & quelque estude à fueilleter les liures qui traictent de la charge & du deuoir de Cardinaux. C'est chose merueilleuse combien ils peuuent estre aydez par ceste excellente idée de leurs plus parfaictes vertus, qu'a formee André d'Auria, d'vn tres-beau stile veritablement, mais auec vne si grande precipitation de sa plume, que l'on peut encore apres auoir leu ses liures, receuoir beaucoup de profit des salutaires conseils de Fabius Albergatus, de Hierosme Platus, & des Cardinaux eux mesmes Paleotiis, & Cortefius, encore que le liure du dernier pour fa groffeur foit affez ennuyeux, & qu'il ne foit pas trop bien difpofé, quoy que fa dictiõ fuiue d'affez prés celle de Ciceron. Mais tous les Miniftres d'Eftat, & tous ceux qui ont quelque part aux plus fecrettes penfees des Princes, doiuent rendre de tres-grandes actions de graces à Pierre Matthieu, de ce qu'en peu de paroles il a fi bié & fi fidellement reprefenté M. de Villeroy, principal Miniftre d'Henry IV. que tous ceux qui fe font efleuez au mefme degré de dignité que luy, s'ils veulent y demeurer long-temps & glorieufement, doiuent non feulement reigler toutes leurs actions publiques, mais mefme former leur vie, leurs mœurs, & tous leurs confeils fur fon exemple. Et d'autant que les Princes & leurs Miniftres ne peuuent pas ordonner ny difpofer entre eux de leurs grandes affaires, & de ce qui concerne le bien de leurs Eftats, que par l en-

tremise de leurs Ambassadeurs, dont
la fonction est d'autant plus illustre,
que celle des autres Ministres, qu'il
faut qu'elle s'exerce à la veuë des
Princes estrangers, & parmy ce qu'il
y a de plus brillant, & de plus escla-
tant dans les Royaumes, & dans les
Republiques, pour ce que les Princes esleuent à ceste dignité des hommes les plus considerables de leur
Estat, pour se comporter excellemment en ceste charge ; ils ont semblablement besoin de chercher du
secours dedans les liures. Et bien
mon tres-sçauant Gafarel, qu'il ne
s it pas necessaire que ie discoure de
ces liures-là auec vous, qui pouuez
continuellement voir, exprimez,
& confirmez en la personne de M.
de la Thuillerie, tres excellent Ambassadeur de nostre Prince, vers la
Republique de Venise, tous les preceptes que les Autheurs ont iamais
escrits du deuoir des Ambassadeurs;
ie ne laisseray pas pourtant si ce n'est
pour vostre vtilité, au moins pour

l'accomplissement de mon dessein,
& pour la perfection de ce traité, d'É
dire quelque chose, sans mettre toutefois en auant Crates & Phalereus,
qu'il ne m'a iamais esté possible de
lire ; mais Charles Paschal, que les
lumieres d'vne doctrine tres-polie
ont rendu celebre, comme son ordre, sa methode, & la solidité de son
iugement, l'ont faict paroistre par
tout excellent & recommendable,
& tel en toutes choses, que non seulement Villiery Hotemant, mais
mesme tous ceux qui apres luy ont
escrit de la charge d'Ambassadeur,
semblent n'en auoir rien dict que ce
qu'il leur a dicté, & que ce qu'ils en
ont apris de luy. Pour ne traiter pas
auec moins d'honneur qu'ils ne meritent les labeurs de Puteanus, celuy qui doit suiure c'est Federicus
Mairselerius, ausquels l'on peut cõ-
parer, pour ce qui est de l'elegance
du stile, & non pas pour l'abondance des choses, Octauianus Magius,
& certain Autheur sans nom, qui a

H iij

118

faict vn traité du Legat du Pape. Au
regard de Conradus Brunus, Ioannes à Coxier, Anaſtaſius Germo-
nius, Eſtienne Dolet, la Mote, le
Voyer pere de noſtre tres-ſage, &
tres ſçauant la Mote. Ce qu'ils ont
eſcrit de l'Ambaſſadeur, touche de
plus pres les Iuriſconſultes, comme
Scipio Gentilis les Humaniſtes, &
Canonherius, & Gaſpard Bragaccia
les Politiques; mais quels qu'ils ſoiēt
ils peuuent receuoir beaucoup d'or-
nemēt des hiſtoiresparticulieresdes
pays & des lieux, où ils doiuent demeurer, & les relations qu'ont accouſtumé de faire en plein conſeil,
principalement les Ambaſſadeurs
de Veniſe; lors que eſtant de retour
de leurs Ambaſſades, ils fontle rapport des affaires qu'ils y ont nego-
ciees, des peuples auec leſquels il
leur afalu traiter, de leursmœurs, de
leur induſtrie, de leur religion, de
leurs richeſſes, du nombre de leurs
gens de guerre, des places fortes,
& qu'ils depeignent ce que par de

longues, diligentes, & fidelles obferuations, ils ont remarqué de plus
particulier des qualités du Prince,
& de ses Miniftres. Ce ne fera pas
encore vn trauail inutile de faire a-
mas de diuers traitez de paix d'entre
les Princes, & de fueilleter curieu-
fement les negotiations des plus excellens Miniftres, telles qu'elles fe
trouuent le plus fouuent dans les
plus fecrets hiftoriens, veu que c'eft
dans ces memoires là que l'on def-
couure clairement, non feulement
les interefts, les pretentions, les inuentions, les deffeins, les droicts,
& les fubiets que les Princes ont de
fe tenir offencez les vns des autres,
mais mefme que l'on s'acquiert infenfiblement la facilité, & la difpo-
fition de traiter toutes ces matieres
à propos, & comme doiuent faire
des hommes capables & tres-fages.

Pour ce que les affaires d'Eftat ne
fe traictent pas de viue voix feulement, mais qu il eft fouuent neceffaire pour les terminer de mettre par

eſcrit de part & d'autre des propoſitions, des articles, & des declarations,& meſmes que chaque iour il
ſe preſente des occaſions d'enuoyer
des diſcours Politiques, ou des lettres d'affaires importantes tant aux
Princes qu'à leurs Miniſtres, d'autant que cela n'a pas acouſtumé de
ſe faire ſans l'induſtrie de ceux qui
ſeruent à faire des deſpeſchesſecret-
tes des Princes,où desRepubliques,
ou de leurs miniſtres, à qui pour
ceſte cauſe, en ce dernier ſiecle de la
langue Latine,on a donné le nom de
Secretaires,quoy qu'anciennement
plus elegamment à la verité, mais
moins conuenablement & moins
proprement, eu eſgard à leurs char-
ges, ils feuſſent appellez Scribes. Il
reſulte de là qu'il eſt à preſent neceſſaire de dire auſſi quelque choſe de
ce qui côcerne cet office, mais comme ſoit pour l'eſtendüe de ſa dignité,
ſoit pour la varieté des affaires, &
des perſonnes qu'il a pour obiet,
il ſe trouue qu'il eſt tres excellent
& tres-releué; auſſi eſt il vray que

peu de personnes en ont escrit comme il auroit esté conuenable, eu esgard à l'excellence & à la majesté de la matiere, veu que tous les Italiens, qui presque seuls d'entre-toutes les nations, se sont proposez d'en discourir, n'en ont rien faict voir d'excellent, & n'en ont donné aucuns preceptes, qui par leur sublimité la puissent rendre plus illustre. Au contraire, ils ont en cela monstré combien leur esprit estoit au dessous de ce subiet, n'ayant faict autre chose que de s'attacher à des formulaires de lettres, ne plus ne moins que le Polipe à des rochers, que crainte d'estre emporté par les flots de la mer, il n'ose abandonner; toutefois pour ce qu'il ne faut pas mespriser comme trop petites les choses, sans lesquelles on ne peut arriuer aux grandes; & que les reigles de bien peindre, & de bien former les characteres, & de bien dicter des lettres, sont comme les fondemens necessaires à se bien acquiter de ceste charge. Pour acquerir ceste suffisance il sera bon de lire Augu-stinus Dathus, qui en a escrit en vers hexametres, auec Sansoninus & In-gegnerus, qui d'vn stile & d'vne me-thode familiere en ont donné des enseignemens. Pamphilus Persicus est bien plus releué, & tout à faict es-loigné des sentimens du vulgaire. Voila pourquoy, soit pour sa doctri-ne, soit pour son iugement, soit pour sa facilité, i'estime qu'il doit estre preferé à tous les autres ; voire mes-me qu'il peut luy seul seruir au lieu de tous. Baptiste Guarini brouïlle toute la matiere au lieu de l'expli-quer, il dispute à la façon des Sophi-stes, mais il n'enseigne pas. Encor Linarus par vn loüable effort a dis-posé son art à l'vsage de ceux qui ma-nient les affaires Politiques. Mais bien qu'outre ces Autheurs là il ne me soit pas arriué d'en voir d'autres, qui de dessein ayét escrit de la char-ge des Secretaires; neantmoins il y a beaucoup d'autres liures qui peuuét

leur seruir. Premierement tous les
liures qui contiennent des recueils
des exemplaires, & des formulaires
de toute sorte de lettres. Apres auoir
examiné les Autheurs Latins, qui
ont trauaillé à ceste matiere, il est
absolument necessaire d'auoir recours aux Italiens, toutes les autres
nations, ou ayant entierement negligé la gloire qui peut estre acquise
à escrire des lettres en leur langue,
auec de l'elegance & de l'ornement,
ou n'ayant encore pour l'obtenir,
faict aucune chose qui puisse esgaler
le trauail des Italiens, quelque effort qu'en ces derniers temps ayent
peu faire Balzac, Marcassus, & de
Launel parmy les François. C'est
pourquoy, comme l'on doit apprendre de ceux-cy l'art de faire des ha-
rangues, & les autres discours Oratoires, c'est aussi chez les Italiens
que l'on doit chercher le stile qui est
propre à composer des lettres. Pour
exemple chez le Bembe, le stile des
lettres pur & trauaillé auec art, chez

Vildominus, vn plus lasche, plus delicat, & plus foible ; mais qui ne laiſſe pas d'auoir de l'ornement chez
Guidicione l'elegant ; le ſubtil & le
pointu chez Bernia ; le concis chez
Bonfadius, le fleury chez Guarini,
le ſtile propre à traiter des affaires
chez Peranda ; & le ſtile limé, poli,
court, & parſemé de diuerſes lumieres d'eſprit, & de quantité de fleurs
oratoires chez le Cardinal Lanfranco. Et lors que les Secretaires aurõt
appris de ces Autheurs le moyen de
compoſer des lettres, auec l'ornement qui leur eſt neceſſaire, il ſera
bon qu'ils paſſent a ceux qui ont enſeigné l'art de cacher ce qu'elles cõ-
tiennent, auec certaines marques
particulieres, & ſous la couuerture
des chiffres. Et quoy que Iean Baptiſte de la Porte, ait recueilli tous les
ſecrets, & tous les Alphabets de cét
art ; ce ne ſera pas pourtãt vn labeur
inutile, pour auoir vne plus parfaicte
cognoiſſance de ceſte ſecrette doctrine, de fueilleter les liures que

Blaiſe Vigenaire, Iacque Gohory,
& Ericius Puteanus, ont faiᶜts de
ceſte matiere. Auſquels encore l'on
peut ioindre l'Abbé Tritheme, de
qui les inuentions Poligraphiques
ayant eſté touſiours aſſez claires, au
regard des Steganographiques que
Charles de Bouille, pour n'auoir pas
eu aſſez bon nez, & quelques autres
à ſa relation ont creu trop legerement eſtre vn ouurage de magie; elles ont eſté depuis peu tellement eſ-
claircies par le liure de la Crypto-
graphie de Guſtauus Solenus, que
tout ce qui dans ces liures pour ſon
obſcurité, & pour ſon ſens caché, a-
uoit ſi long temps attiré l'admiratiõ
& la veneration de tout le monde,
ne faiᶜt plus de peine, & n'inquiete
plus l'eſprit de perſonne, depuis que
cét Autheur l'a deſcouuert, & rendu manifeſte a vn chacun Mais bien
que l'induſtrie & la ſuffiſance des
Secretaires, depende abſolument
de la cognoiſſance des arts que nous
auons cy-deuant remarquez, il en

reste encore vne toutefois bien plus
excellente, & bien plus noble, &
qui est comme l'accomplissement,
& le couronnement de tous les autres, sçauoir l'art de composer les
discours & les traitez Politiques,
dont l'on a besoin en diuerses occasions qui se presentent à ceux qui
manient les affaires d'Estat,& dont
le soin pour l'ordinaire est commis à
l'esprit des Secretaires. Voila pourquoy il est necessaire qu'ils s'employent à lire exactement toutes
ces sortes de discours de relations &
d'instructions, dont il se trouue vn
grand nombre en Latin dans le Thresor Politique, lequel se voit aussi traduit en François. En laquelle langue
nous auons semblablement pour seruir à mesme dessein, les memoires
de M. Villeroy, du Perron, Mornay,
Launel, & de grand nombre d'autres Autheurs, dont on ne sçait pas
les noms, qui pour attirer à leur par-
ti les esprits desireux des nouueau-
tez, depuis le temps de François pre-

mier iufques à prefent, ont faict plufieurs declarations, & plufieurs libelles diffamatoires, dont vne grande partie fe voit recueillie en certains volumes. Au regard des memoires Italiens feruans à inftruire
les Secretaires à la fuffifance dont
nous traittons, ils fe trouuent dans
celuy qui a faict vn amas des lettres
des Princes, & de celles qui leur font
addreffees, lefquels fe rencontrent
diftribuez en deux & en trois tomes.
Mais les lettres du Cardinal d'Offat,
font fur toutes les autres eftimées
les plus vtiles, & qui meritent le
plus d'eftre continuellement dans
l'efprit, & deuant les yeux des hommes d'Eftat; veu qu'elles font efcri-
tes auec vn foin tres-exact, & auec
la grauité, & la maturité conuenables à vn vieillard. Eftant outre cela
remplies d'vne infinité de belles matieres, & de tres-graues & tres-ra-
res fentimens, lefquels ne peuuent
proceder que d'vn tres-excellent &
tres fertile efprit: n'y ayant au fur-

plus rien de lasche, de foible, ny de trop delicat : mais au contraire se voyant par tout esgale, & remplissant les esprits des Lecteurs, & les retenant par vne agreable varieté de belles raisons, & de belles choses.

Apres auoir donc parlé des aydes particulieres qui seruent precisement à instruire chacun en sa charge & en sa fonction ceux qui sont appellez au maniment des affaires publiques, il me reste encore à donner peu à peu quelques aduis vtiles & necessaires à tous les Politiques en general. Et pour commencer par ce qui peut former les hommes à la politesse à l'entregent & à la ciuilité, & qui ne sert pas seulement à ioindre la bonne grace, & la courtoisie aux actions particulieres d'vn chacun : mais qui prepare encore les hommes & leur facilite les moyens à chacun selon sa charge & selon sa dignité de se communiquer & de traicter auec bien seance des affaires les vns auec

les

les autres. Ceux à mon gré qui semblent plus elegāment & plus parfai-
ctemēt auoir exprimé ceste suffisance, sont premierement cet Euesque
dont l'esprit paroist par tout si agreable & si genereux, qui propose à imiter à tous les ieunes hommes son Ga-
latée comme vn exemplaire d'vne
tres-noble &tres parfaicte educatiō:
auec Cicerō&Marsile Ficin qui tous
deux ont escrit des liures des offices
ou des deuoirs; quoy que le stile& la
methode d'enseigner en soient bien
dissemblables. Ceste lecture peut
estre suiuie de celle des liures de la
conuersation & de la vie ciuile d'E-
stienne Guazo, de Alexandre Picó-
lomini, & de Fabricius Campanus,
comme aussi des liures de Nicolas
Caussin, de Anthoine Gueuarre, &
de Ramardus Castorius , lesquels
trois derniers se sont efforcez de
grauer comme dans vne mesme table les loix de la vie ciuile auec celles
du Christianisme. Apres lesquelles
enfin celuy qui sera apellé àviure à la

I

cour pourra consulter les oracles de Baltazar Chastilion, & du Sieur de Refuge GentilhommeFrançois, desquels il receura des responces touchant les mœurs des Princes,& les ruses & les artifices des courtisans, beaucoup plus certaines que celles que iamais a rendues

Pythia quæ ex tripode & Phoebo lauroque profatur,

Du temple d'Apollon la fameuse prestresse.

Quand dessus son trepied le laurier en ses mains,

Leur bon ou mauuais sort elle anonce aux humains.

Outre ceux la Canonherius encorea contribué quelque chose àce mesme dessein, qui selon mon aduis ne doit pas estre inutile, veu qu'il donne beaucoupdepreceptestres-necessaires à scauoir,que les precedens Autheurs voulant paroistre plus graues, &s'atachantseulement aux matieres les plus hautes & les plus difficiles, ont negligés & mesprisés comme leur semblant trop baſſes & de trop peu de valeur.

L'autre poinct qui n'eſt pas moins vtile à ceux qui ſe veulent entremettre des affaires publiques deſpend en partie de l'hiſtoire, & en partie de la Philoſophie tant morale que naturelle, dont il reçoit la lumiere, par le moyen de laquelle l'on peut plus facilement penetrer recognoiſtre les peſées, & deſcouurir comme de deſſus vne eſchauguette les ſentiments les plus cachez de ceux auec qui l'on eſt obligé de traicter. En effect il faut aſſeurement que celuy la marche dans les tenebres comme les Andabates qui ſans ceſte diligente & fidelle cognoiſſance faict eſtat de negocier auec les hommes, qui n'ayant pas comme deſiroit Momus vne feneſtre à l'eſtomach, ny côme parloient les anciens, le cœur ſans eſtre couuert d'vn bouclier ; mais au contraire ayant toutes leurs penſées & tous les deſirs ſecrets de leurs ames voilez d'vn noir nuage & de tene-

152

bres plus obscures que celles des En-
fers. En ceste Diuination morale
non plus qu'en celle qui se pratique
en la Medecine, il ne se doit rien arrester ny prononcer, que premierement l'on n'ait formé son iugement
par le concours de diuerses obserua-
tions Physionomiques. Ce qui ne
sera pas doresnauant ny penible ny
difficile à faire apres que Scipion de
Clairmont, honneur eternel de la
Romagne en a donné vne si elegante
& si parfaicte methode dans le liure
qu'il y a enuiron cinq ans, il fit imprimer à Venise sous ce titre *De conie-*
ctandis cuiusque moribus & latentibus
animi affectibus. C'est à dire l'art de
coniecturer l'humeur & les secrettes
affections & passions de l'esprit de
qui que ce soit. Ceste doctrine en
ce qu'elle est necessaire au Politique,
consiste principalemét en trois choses, lesquelles doiuent estre soigneusement recherchées, sçauoir à cognoistre les mœurs & les inclinations
des peuples, la nature & les comple-

xions des hommes particuliers ; & la
fignification des geftes & des actiõs,
qui quelquefois ne plus ne moins
que la langue defcouurent, au dire
de Polybe, les plus fecrettes penfées
de l'ame. La cognoiffance de toutes ces chofes felon l'opinion de
Cardan fe peut affeurement &
promptement acquerir des difcours
ordinaires, & des prouerbes communs qui font àtout heure en la bouche du peuple, touchant le naturel
des nations, voire mefme de chacun
en particulier. Car il ne faut poinct
douter, que ces façons de parler po-
pulaires fortans comme des plus fecrets cabinets de la fageffe, & d'ailleurs eftant confirmées par vn fi grãd
nombre d'années, ne portẽt auec foy
quelque forte de verité; voyla pourquoy ie voudrois de tout mon cœur
qu'il euft pris enuie à quelqu'vn de
faire vn traicté de la Phyfionomie qui
ne fuft compofé que de ces prouerbes là tous feuls. Car outre qu'eftant
faict de la forte à caufe que les pro-
I iij

134

uerbes sont ordinairement rymez, il
seroit plus aysé de le grauer dans la
memoire; il est certain aussi qu'il cō-
tiendroit plus deverité, que tāt d'autres qui sont sondez sur les raisons,
& sur les resolutions des Philosophes. Et pour appuyer ceste proposi-
tion, y a t'il quelqu'vn qui n'ait pas
en la bouche ce distique de Martial,
comme estant confirmé parvne continuelle obseruation de diuers exemples?

Crine ruber, niger ore, breuis pede,
    lumine luscus,
Rem magnam præstas Zoïle si bonus es,

dont le sens est compris en ceste
imitation.

    Le poil rouge & la bouche noire,
    L'œil louche auec le pied tortu;
    Sont des signes qui me font croire,
    Que tu n'as gueres de vertu.

Et qui est-ce aussi qui doute de la verité des vers suiuans que l'on attribuë à Facetus, & qui tiennent lieu
de prouerbe?

    Inconstans animus, oculus vagus,

instabilis pes
Hac tria signa viri de quo mihi nulla
boni spes,
qui à peu pres signifient.

L'esprit leger, l'œil vague, & le pied
sans arrest,
Sont trois marques d'un homme en
qui rien ne me plaist.

Comme encore de ces autres du mesme Autheur.

Raro breues humiles vidi, rufosque
fideles
Albos audaces, miror magnos sapien-
tes,
qui veulent dire selon la paraphrase suiuante.

Voir vn petit viure humblement,
Ce seroit chose bien nouuelle,
L'on voit aussi tres-rarement
Qu'vn rousseau puisse estre fidelle.
Les teints blancs lasches en tous lieux,
Ne sçauroient auoir de courage,
Mais il seroit prodigieux
De voir vn grand homme estre sage.

Mais pour dire quelque chose de chacun de cespoincts en particulier, pour ce qui eſt des inclinations des peuples, & de leurs diuerſes côplexiōs eu eſgard à la ſituatiō des lieux où ils habitent, & à leur temperament, elles ſōt enſeignees par Hippocrate en ſon liure, De l'air, des lieux, & des eaux; par Albert le grand, en ſon traité de la nature des lieux ; par Iean Bodin en ſa methode de lire l'hiſtoire, en ſa Republique , & en l'Apologie qu'il a faicte pour la deffendre : & par Federic Bonauenture en ſon liure de l'enfantement à huict mois; lequel contient vne agreable diuerſité, auec vne tres-grande doctrine. Au regard des mœurs & des qualitez que les peuples tiennent d'ailleurs, & qui prennent leur origine de diuers accidens particuliers, elles ſe trouuent amplement exprimees par les Autheurs des Geographies, par les eſcriuains des voyages, par Garcias, & par l'Autheur ſans nom du liure intitulé Les queſtions Sfortianes, *Sfortiana quæſtiones.* Dont le premier a depeint par le menu tout ce qui eſt du naturel, de l'humeur,

& de l'esprit des Espagnols, & des François, comme l'autre a particulierement exprimé les artifices & les ruses des Italiens, & leurs façons communes & ordinaires de viure, & de se comporter dans les affaires, & en chasque ville, & cela auec tant de diligence, qu'il ennuye & donne du degoust assez souuent aux Lecteurs les plus patiens. Des œuures & des inuentions des precedens Autheurs, est sorti comme l'or de la marchasite, & la perle de la coquille, & de la nacre où elle s'engendre, le tableau des esprits de Iean Barclay, Autheur à qui ie ne prefere aucun autre, non pas mesmes des anciens Romains, soit pour ce qui est de la parfaicte eloquence, soit au regard de toute sorte de loüanges qui peuuent estre meritees par l'estude des sciences les plus polies. Quant à ce qui est de cognoistre le naturel de cét homme icy, ou de celuy-là, ou pour parler autremét de chasque indiuidu, c'est à dire de chasque homme en parti-

culier, beaucoup tiennent que cela
se peut faire par trois sortes, ou par
trois genres de signes, dont i'estime
que le premier seulement, comme
dépendant de la Philosophie est le
plus asseuré ; le second ayant plus de
vanité que de raison ; & le troisiesme
& dernier paroissant auoir esté in-
uenté par quelques hommes doctes,
plutost pour faire monstre de leur esprit en vne chose de recreation, qu'à
dessein d'en retirer quelque vtilité.
De sorte que si chacun estoit en cela
de mesme opinion que moy, i'esti-
merois qu'il faudroit seulement parler du premier. Mais pour ce que ny
vous, ny tous les autres ne seront pas
peut-estre du mesme aduis, il faut
mon cher Gafarel, que vous fueille-
tiez diligemment les liures d'Aristote, d'Adamantius, & de Polemon,
qui sont les seuls Autheurs, qui par
l'indulgence de la fortune se sont
sauuez du naufrage, dans lequel ont
esté submergez tous les anciens Autheurs qui ont escrit du iugement,

qui se faict par la physionomie. Entre les modernes qui par leurs escrits ont expliqué cét art, vous choisirez tousiours comme les meilleurs Augustinus, Niphus, & Camillus Baldus, tres-doctes commentateurs d'Aristote; & Barthelemy Cocles de Boulongne, dont le liure tout entier a esté volé par Ioarmes Taismerus, insigne plagiaire, & plus impudent, & plus effronté de beaucoup que la Corneille d'Horace, qui l'a transcrit & inseré tout au long dans ses œuures des Mathematiques; s'estant pareillement emparé par vn larcin manifeste d'vn traité de l'aimant, qui auparauant auoit esté cõposé par Pierre Pelerin, Autheur François. Ce que i'ay creu deuoir estre en passant remarqué; afin que l'honneur qui est deu à ceux qui ont bien merité dans la Republique des lettres, leur soit rendu, & que ce Taisnier.

Regali conspectus in auro, nuper & ostro,

Migret in obscuras furaci mente ta-
bernas,

c'est à dire.

Qui n'agueres brillant d'or & de pier-
reries

Pouuoit auec honneur s'esleuer dans
les Cieux,

Mais qui se voyant pris dedans ces
voleries

Se doit aller cacher dans les plus som-
bres lieux.

Celuy qui merite iustement d'auoir le premier rang apres Cocles, c'est Petrus Montuus, dont le liure qui est à Rome auec plusieurs autres tres-excellens, qui pour leur rareté, & pour leur bonté sont conseruez en la Biblioteque de l'Eminentissime Cardinal Bischi, m'a esté monstré par nostre tres-intime amy Leo Allatius, que ie disois n'agueres estre né pour accroistre la gloire de son siecle. Lequel liure i'ay sçeu auoir depuis esté imprimé en la ville de Mantouë, peu de temps auant qu'elle eust esté surprise & pillée. Mais il me semble que

Iean Baptiſte de la Porte Neapoli-
tain, a faict le dernier effort a defri-
cher, & à expliquer cét art. Car pour
Timplerus, Moldenarius, Goclenius, & les autres plus recens, ils
ſont bien au deça des bornes, où Baptiſte de la Porte s'eſt aduancé, &
s'ils ont remporté quelque loüange
de leurs labeurs , c'eſt plutoſt pour
la facilité de leurs Methodes, & pour
auoir cét art qu'ils l'ont meritée, que
pour y auoir adiouſté quelque choſe
de nouueau, y ayant quelques perſonnes qui n'ont pas plus d'eſprit
qu'il leur en faut, leſquels attachent
comme des deſpendances , & comme des bordures aux recherches de
la Phyſionomie, les vanitez de la
Metopoſcopie, & de la Chyroman-
cie, il ſeroit à propos de donner mõ
iugement, & de faire mention des
œuures d'Antiochus Tybertus, de
Ceſane de Tricaſſe Mantouan, d'Indagine, de Coruus , de Samuel Fuchſius, de Thadée Hageuius, de Ci-
rus Spontanus, de Cardan, & autres

semblables fauteurs de ces arts tres-
vains & tres-ridicules, comme en effect ie le deurois faire si i'auois à instruire aux fraudes & aux imposlu-
res, quelque impertinent deuin, ou
quelqu'vn de ces coureurs, à qui les
femmes simples presentent leur frôt,
& leurs mains pour sçauoir leur bonne aduenture : & que ie n'eusse pas à
former par la lecture des bons liures,
vn excellent Politique, à qui il ne
seroit pas honneste d'occuper son
esprit, ny bien seur d'adiouster foy à
ces badineries. Il faut semblablemēt
faire pareil iugement de la Gelotos-
copie, ou diuination par le ris, de
Prosper Aldorisius, & de l'Idengra-
phie, ou description de la figure, ou
de la mine, du mesme Autheur, comme aussi de la diuination par les lettres, & par les Epistres de Camillus
Baldus, & des liures de Melampus,
Iean Baptiste de la Porte, & de Ludouicus Septalius, de Næuis, des
seins, ou des marques, & des taches
qui viennent naturellemēt au corps,

& de quelques autres liures des taches des ongles, & de l'Oncichu-
mantie ; pour ce que toutes ces choses là se doiuent plutost mettre entre
les ieux de plaisir, qu'entre les sciences coniecturales, & diuinatrices,
comme cy-deuant nous l'auons mô-
stré, & que leur nom seul faict assez
paroistre, que tous ces arts là ne peuuent contenir autre chose que des
songes de personnes qui veillent.
Voila pourquoy pour venir au dernier point de la diuision que i'ay faicte des signes que doit obseruer le
Politique, sçauoir à la signification
des gestes, & des actions. Le Pere
Nicolas Caussin en ses Paralelles de
l'eloquence, & Cardan en ses liures
de la sagesse, & de l'vtilité que l'on
doit tirer des aduersitez. Mais vn
certain Autheur Italien a traité de
cét art en perfection, en vn tres-grãd
& tres-curieux liure, à qui il a donné pour tiltre eu esgard au suiet, & a
la matiere de l'œuure, *arte de Cenni,*
La cognoissance des hommes doit

estre suiuie de la cognoissance des
Royaumes, & de la forme dont se
gouuernent tous les Estats, & toutes les Republiques, qui dans l'Europe, principalement entre les Princes Chrestiens, se regissent par leurs
propres loix, & qui autant qu'ils peuuent à forces communes, maintien-
nent & deffendent leur liberté contre les incursions, & la violence de
tous ceux qui voudroient entreprendre de l'opprimer. Et pource que ceste cognoissance depend en partie
des historiens, & en partie des Autheurs Politiques; elle doit faire le
troisiesme Chapitre des aydes communement necessaires à ceux qui se
veulent rendre sçauans à manier les
affaires d'Estat. Ceux qui en general
ont escrit beaucoup de choses de ceste matiere, sont entre autres Botero en ses relations Politiques; San-
souin en son liure du gouuernement
des Royaumes; & l'Autheur François du liure des Estats, Royaumes,
& Principautez, ou du thresor de
tous

tous les Estats & Royaumes qui sont au monde ; lequel ie ne douterois point de proposer tout seul au lieu de tous les autres, si celuy qui l'a cō-posé y eust apporté tant soit peu dauantage de diligence & de fidelité. Mais quiconque desirera plus preci-sement sçauoir l'Estat de chasque Republique, pourra s'addresser auec asseurance aux Autheurs suiuans, dont i'ay veu faire grande estime à de tres-habilles hommes, sçauoir à Vbertus Folieta, qui a escrit de la Republique de Gennes ; à Nicolas Coutarain, & à Donatus Ianottius, pour la Republique de Venise. Mais afin qu'il ne vous semble pas que ie veuille chercher des couronnes en vne entreprise de peu de la-beur, ou plustost que ie desire tirer de la gloire pour auoir rapporté vn grand nombre d'Autheurs, ie m'ab-stiendray de nommer particuliere-ment tous ceux que les Elzeuirs a-uec leurs tres-beaux caracteres ont imprimez en diuers petits volumes.

K

& qui font fi ingenieufement difpofez que les Autheurs qui ont efcrit de l'Italie ancienne &nouuel-le, des Royaumes d'Angleterre, de France, d'Efpagne, de Suede, de Danemarc, de l'Empire d'Orient, & d'Occident, de la Republique de Venife, & de celle des Suiffes, & generalement de l'Eftat de toutes les autres nations, font compris chacun en vn liure dont les politiques certes peuuent reçeuoir beaucoup d'vtilité, & leur doctrine mefme vn aduantage & vn acroiffement qui n'eft nullement vain ny mefprifable. Mais pource que les chofes que nous auons cy deuant rapportées feruent feulement à fournir de matiere à la Politique, pour luy donner la forme il eft neceffaire d'y adioufter la prudence, puis qu'elle eft prefque la feule vertu par qui les Republiques font eftablies & augmentees. Cefte prudence procede de la cognoiffance de plufieurs euenements lefquels ne peuuent eftre difcernés que par l'hi-

ftoire, ou par l'experience, laquelle
ne s'acquiert que par vn long vfage;
voyla pourquoy les hommes ne pouuant rien aprendre,ou que fort peu
de chofe par leur experience propre,
pour ce qu'eftans enfermez à l'e-
ftroict dans les bornes d'vne tres-
courte vie,ils en font pluftoft à bout,
qu'ils n'ont peu voir de leurs yeux
les diuers replis & les periodes reci-
proques & incouftantes des chofes
humaines, cela eft caufe qu'il faut
que l'hiftoire qui n'eft bornée d'aucun temps ny d'aucune region,mais
qui comprend&embraffe ce qui s'eft
faict en toutes les nations & en tous
les fiecles, inftruife la prudence Politique & luy fourniffe ce qu'elle ne
ne poutioit pas acquerir d'elle mefme. Car encore que les chofes humaines n'ayent pas vn ordre certain.
n'y vne fuitte immuable, mais au
contraire eftant vray qu'il y a en elles vne grande inconftance & vne
grande varieté, & telles qu'il n'y a
rien de plus vray femblable que ce

que diſoit Agathõ, qu'il arriue beaucoup de choſe autrement que vray
ſemblablement elles ne deuroient
pas arriuer; toutefois pour l'ordinaire les choſes ſemblables produiſent
leurs ſemblables, & il n'eſt poinct de
reigle plus aſſuréee pour iuger de l'iſ-
ſue d'vne choſe, que d'examiner
quelle fin ont euë le plus ſouuent
par le paſſé cellesqui luy reſſemblẽt,
& c'eſt ce qu'on aprent abondãment
en l'hiſtoire, qui n'eſt pas tant re-
commandable, pource qu'au dire de
Ciceron, elle porte teſmoignage des
temps, & qu'elle eſt maiſtreſſe de la
vie; que pourcequ'au dire del'Empereur Leon inſtruiſant ſon fils, elle eſt
elle meſmevne ſageſſe & recueillie &
compoſée de toutes les autres. Mais
encore qu'il ſemble qu'õ puiſſe tirer
vn grãd ſecours de l'hiſtoire; c'eſt a-
uec peine neantmoins qu'il ſe mõſtre
& qu'il ſe manifeſte, ſi premieremẽt l'õ
ne conſulte cõme des entremeteurs
les Autheurs qui ont preſcrit & dõné
des loix de l'ordre & de la methode

qu'on doit tenir à escrire & à lire les histoires; entre ceux la soit pour la science, soit pour le iugement Iean Bodin, & François Patrice sont estimés les meilleurs, mais toutefois ie ne sçay comment ils se sont rendus si difficiles à entendre, que comme les Methaphysiciens en la philosophie; ils en plaisent moins à beaucoup de personnes, comme au contraire Possevin pour sa facilité & pour ce qu'il en a escrit trop negligément ne peut estre agreable qu'aux esprits mediocres. Au surplus Lucian & Bocalini, cõbatent genereusemēt pour laverité & pour la noblessedel'histoire. Bernatius en a parlé auec antāt de iugemēt que d'eloquēce; Maccius & Benius ou ne disent riē que desparoles, ou ne disent que des chosesabsurdes & de neant. Au regard de la Popeliniere il n'a pas tant faiĉt vne methode de lire l'histoire, qu'vn cathalogue des historiens: pour les autres Autheurs qui ont escrit de ceste matiere, & qui sont imprimez en deux vo-

lumes , ils oñt comme l'Ægypte
d'Homere beaucoup de bonnescho-
ſes & beaucoup de mauuaiſes ; voyla pourquoy le tres ſçauant Profeſ-
ſeur d'eloquence Auguſtin Maſcar-
di ayant promis de donner ſon aduis
par eſcrit ſur la Methode d'eſcrire &
de lire l'hiſtoire, i'aduouë que ie ſuis
extrememẽt tourmenté par la lõgue
atteinte de ſon liure ; veu que ce grãd
homme de lettres ne cedant à pas
vn autre en cequi eſt de l'excellence
de l'eſprit & de la nature , poſſede
encore de grands aduantages & de
lecture & de diuerſes ſciences, dont
eſtant puiſſãment ſecouru il ne faut
point douter que par le traicté qu'il
promet auſſi bien que par ſes autres
œuures il ne monſtre dequoy.

ſe quoque poſſit
Tollere humo, victorque virûm vo-
litare per ora,
Se pouuoir de la terre eſleuer iuſ-
qu'aux cieux.
Et ſurmontant l'ennuie en ce ſiecle ou
nous ſommes.
Paſſer auec hõneurdãslabouche deshõmes.

Et s'acquerir par tout vn renõ glorieux.
Mais iusques à ce que nous ayons
veu son ouurage, ie ne prescriray
point d'autres reigles aux estudes
que les Politiques doiuent faire de
l'histoire, si ce n'est en lisant les historiens dechacun pays, de s'arrester
& des'attacher principalemētàceux,
qui ne se contentēt pas de rapporter
les actions des Princes, les batailles,
& les autres accidens suruenus çà &
là; mais qui desduisent les causes
secrettes des euenemens, qui decla-
rent les conseils, & qui succincte-
ment & subtilement donnent leur
iugement de chaque chose; ce qui
veritablement doit estre estimé l'a-
me de toutes les relations,& de toutes les histoires que l'on entreprend
de faire. Et à la verité ceste façon
d'escrire, recrée merueilleusement
le Lecteur; l'entretenant d'vne a-
greable nourriture, luy donnant des
aduis comme il se doit conduire en
ses entreprises, & luy formant l'esprit à prendre garde à soy, & à pre-
K. iiij

uenir les fafcheux accidens en toute
forte d'occafions. Et ne faut point
douterque l'ó ne tire beaucoup plus
de profit, & beaucoup plus de plaifir
d'vne narration folide, & qui eft
pleine de fuc, & de fang, que de celle qui propofe nuëment & fimple-
ment les chofes, les donnant mai-
gres, defcharnées, & s'il faut ainfi
dire, languiffantes de fechereffe, &
prefque mortes, à faute de les auoir
accompaghées des iugemens, & de
ces autres ornemens. Encor qu'il y
ait eu plufieurs de ces excellens hiftoriens entre les anciens, parmy lefquels vn meilleur temps, vn ciel plus
fauorable, l'affection que les Princes
portoient à cefte forte d'efcrits, &
la Majefté de l'Empire Romain, ont
felon la creance de quelques-vns,
ferui à faire l'hiftoire meilleure: neantmoins nous n'auons pas laiffé
d'en auoir en ce temps icy de tres-il-
luftres, foit pour la bonté de leur iugement, foit pour la grandeur de
leur doctrine. Et ie n'ay iamais efté

si fort irrité contre le siecle passé, que
ie n'aduouë d'y auoir trouué des exemples de vertu comparables aux
anciens, en Paul Aemile, Pierre
Bembe, Leonard Aretin, Iouianus,
Polidore Virgile, Paul Ioue, Iacque Auguste de Thou, François
Guichiardin, & leurs semblables,
pour ne parler point de Philippes de
Comines, qui a depeint Louis on-
ziesme, auec la mesme liberté que
ce Prince auoit vescu, & qui s'est acquis autant de veritable gloire par
son iugement tres-exquis, que l'autre par sa façon de regner, & par ses
victoires. Mais d'autant que l'histoire des anciens n'est pas moins saincte que les vieux Poëmes estoient
reputez saincts par Horace, & Homere estimé Sainct par Iuuenal, à cause
qu'il estoit plus vieil de mil ans; d'ailleurs que les libres iugemens que
l'on en faict, sont aussi moins suiets à
l'enuie; ie tiens que l'histoire Grecque
de Tucidide, & de Polybe, & la Latine de Saluste, & de Tite Liue, doi-

uent estre preferées à toutes les autres, soit que l'on considere la grauité, & la majesté de leurs œuures,
soit la pureté du stile, & l'integrité
de leur iugement, soit que l'on examine les loix de l'histoire qu'ils ont
toutes si fidellement & si heureusement obseruées, que l'on doit dire
& iustement, qu'ils ne s'en sont pas
esloignez en la moindre chose du
monde. Ie dirois la mesme chose de
Tacite, si dans la Scene du Theatre
des Historiens, il deuoit estre mis
au rang du commun. Mais pour ce
qu'il est assis comme le Prince, &
l'Empereur au lieu le plus eminent,
& le plus honnorable, voire mesme
qu'il s'est placé comme dans vne ma-
chine, d'où auec l'estonnement &
l'admiration de tous les Doctes, il
demesle & resout les difficultez de
la Politique, surpassant par la majesté de ses vertus, tout ce qu'il y a de
grand, & de releué parmy les hommes, ie croy qu'il sera plus à propos
de s'en taire, & de le reuerer com-

me l'on faict les Dieux, par vn eloquent silence, que de parler de luy,
comme d'vn homme ordinaire, auec
des paroles trop foibles. De sorte
que si autresfois les ieunes hommes,
qui vouloient estudier au Droict Ci-
uil, auoient accoustumé d'apprendre par cœur les loix des douze tables, comme vn fondement necessaire à leur instruction. Pourquoy
les Politiques qui sont pour tenir le
timon des Estats, ne graueront· ils
pas dans leur memoire, les escrits
de cét incomparable Autheur, d'où
en toutes occasions ils peuuent tirer
des exemples, & des oracles, pour
bien & heureusement gouuerner les
Republiques. Il faut aussi que les Politiques s'addonnent diligemment,
à la lecture de ceste sorte d'histoires
lesquelles par leur trop de liberté,
pour ne pas dire d'audace, approchent de fort prés des libelles diffamatoires, lors qu'elles exposent cõme vne Diane toute nuë, aux yeux
des prophanes, les secrets des Prin-

ces, les fraudes & les malices des
Miniſtres, & toutes les autres parti-
cularitez, leſquelles, ne plus ne
moins que les ſacrifices d'Eleuſis,
deuroient eſtre couuertes d'vne
nuiƈt tres-obſcure. Au nombre de
ces hiſtoires doiuĕt ſans doute eſtre
miſes celles de Procopius, de Matthieu Paris, de Theodoric de Ni-
hem, de Pierre d'Ailly, de Clemengis, & de quantité d'autres Autheurs,
dont on ne ſçait pas aſſeurement les
noms, qui ont faiƈt les relations de
tant de conclaues, l'hiſtoire du Cõ-
cile de Trente, le iournal ſcandaleux
de Louis XI. les memoires de Charles IX. ceux de la ligue, & autres
ſemblables liures qui publient à tout
le monde, *quid Rex in aurem Reginæ
dixerit, quid Iuno fabulata eſt cum Ioue,*
c'eſt à dire,

> *Dont l'impudent babil faiƈt par tout*
>   *eſclater*
> *Les ſecrets entretiens des Rois auec*
>   *les Reines,*
> *Et ce que dit Iunon quand ſes ialou-*

ſes peines
La font quereller Iupiter.

Mais pour ce que tous ces liures là,
diſent le plus ſouuent autant ce qui
ne s'eſt pas faict, comme ce qui s'eſt
faict; qu'ils ſont des meſſagers qui
portent le faux auſſi bien que la verité, & que leur lecture eſt deffenduë
par les loix ſacrées de l'Egliſe, cela
eſt cauſe qu'ils ne doiuent pas eſtre
leus qu'auec diſcretion & précau-
tion, & qu'apres en auoir pris la li-
cence du Maiſtre du ſacré Palais, &
du Pape meſme. Les liures enfin qui
côtiennêt le dernier rãg en l'hiſtoire, ſont ceux des origines, & de la
deſcente, ſoit des peuples, ſoit des
races & des familles, leſquels on
appelle genealogies. Et cela d'autãt
qu'ils contiennent moins de verité,
& qu'ils ſont moins fidelles que tous
les autres, veu que pour l'ordinaire
chacun ſe flate en ce qui eſt des principes de ſa race, & taſche de tirer &
d'achepter la dignité de ſa famille
des eſcriuains de genealogies, dont

la plume venale trauaillant plus à
remedier à la faim, qu'à s'acquerir
de la renommée, bouleuerse tout,
pour auec de vieux tiltres falsifiez,
atraper de l'argent qui ne soit pas
faux; y ayant peu de ces Autheurs
là, qui ait peu atteindre au merite, à
la probité, au iugement, & à la doctrine d'André du Chesne, grand
maistre veritablement en ce qui est
de l'histoire des familles, & qui puisse monstrer aux Princes, & aux
grands fidellement, sans fart, & sans
soubçon de flaterie, quels ont esté
leurs ancestres.

Maiorum pictos à tergo ostendere
> *vultus,*
Qui puissent remontant dans les sie-
> *cles passez.*
Monstrer de leurs ayeuls les portraicts
> *effacez.*

Mais ceste description genealogi-
que des maisons illustres ne doit pas
sembler si necessaire aux Politiques
qu'ils doiuent trouuer mauuais & se
facher que l'innocence de quelques

vnes ait esté violée par Amirato &
Sansouino, veu que Fuluius Vrsi-
nus, Antonius Augustinus, Ricardus Steuinus, n'ont descrit que celles
qui seruent à nous mieux faire entendre l'histoire ancienne, & non
pas celles de ces temps icy, la où les
susnommez Sansouino, Amirato, &
auec eux encore Zazzera qui l'a faict
auec plus de fidelité que tous les autres, ont veritablement escrit des anciennes familles illustres d'Italie ;
mais sans qu'il puisse rien descheoir
aux Politiques, s'il se rencontre quelque chose dans les liures de ces Autheurs, qui ne soit pas rapporté selon
la verité, voyla pourquoy il reste seulement à considerer les genealogies
des Princes Chrestiens, & les liures
que Reusnerus, & quelques autres en
ont côposez. Car pource qu'il se tire
de ces liures la diuerses choses qui
seruent à l'esclaircissement des
droicts des Roys, & des Princes, à la
iustification de leurs pretentions,
comme lors qu'il s'agit entre eux de

mariages, de fucceſſions, & d'autres
femblables affaires ; il reſulte de là,
que les Politiques doiuent ſoigneu-
fement s'occuper à rechercher la verité de ces genealogies, lors qu'aux
occaſions il s'y trouue des difficultez ;
enfin pour ce qu'il n'eſt pas poſſible
d'auoir par tout où l'on ſe rencontre tant de liures dont il a eſté parlé
dans ceſte Bibliographie, & qu'il eſt
tres difficile, comme dit le Comique,
de creuſer des puids lors qu'on eſt
preſt de mourir de ſoif, nous auons
pour ce ſubiect eſtably le cinquieſ-
me & dernier ſecours general, à ſe
garnir des Autheurs qui ont faict des
collections par titres, & par lieux
communs, afin qu'aux actions, & aux
rencontres difficiles , & inopinées
l'on en puiſſe tirer & former ce que
l'on voudra. Quelques-vns de ces
Autheurs ont ſeulement preparé la
matiere, le bois, les cloux, les cail-
loux, les poutres, les groſſes pierres,
& les marbres ; comme Danœus,
Sanſouinus, Lotinus, Anthonio Perez,

rez, & Guichardin en ſes axiomes,
qu'il a propoſez nuement, & ſimple-
ment ; Ricterus auſſi en ſes axiomes
mais expliquez par vn vtile & long
amas de diuers exemples:Iean Cho-
kier en ſes Aphoriſmes,où il a procé-
dé preſque du meſme ſtîle que le pré-
cedent. Et Louis le Roy dans ſes
Monarchiques, liure François, qui
n'eſt pas fort grand, mais neantmoins qui eſt plein d'eſprit, à raiſon
de quelques paraleles Politiques,
qui pourroient a peine eſtre trouuez
ailleurs recueillis auec pareil ſoing.
Il y a d'autres Autheurs qui ne ſe ſõt
pas contentez d'aſſembler ſeulemēt
les matieres, mais qui en ont formé
diuers diſcours, n'ayant rien de cõ-
mun auec les precedens, que les titres & la varieté des queſtions ; mais
au ſurplus cõme doctes qu'ils eſtoiēt
ayant compoſé des liures qui pour
eſtre pleins d'art&de iugement ſont
eſtimez tres excellents. Paul Paruta
eſt en ce genre d'eſcrire comme vn
Dieu ſouuerain, Marnix,Frachetta,

Verulamius, Marettus, & Zuccolus,
marchêt au chemin de la gloire d'vn
pas presque esgal au sien. Mais pour
Picardus, Iumius, Scherbius, & assez
grand nombre d'autres, ils ne doiuent estre placez qu'entre les moin-
dres Dieux. Les discours de la Noüe
font aisement recognoistre la fausse
Religion, & l'esprit guerrier de leur
Autheur, par l'ardeur & par la liberté
auec lesquelles ils sont escrits. Bocca-
lini auec l'agreable nouueauté de
son stile est assis sur le Parnasse dans
le mesme temple, & sur le mesme
Autel qu'Apollon, depuis qu'il a ces-
sé d'estre mortel, & qu'il ne seme plus
de vaines bourdes parmy les Satyri-
ques; mais qu'il orne de bonne grace & de beaucoup de gentillesse celles qui sont proferées par ses imita-
teurs; Enfin il y en a d'autres qui seront les derniers Autheurs dont
nous voulons parler, lesquels ne different des precedens en autre chose,
qu'en ce que n'ayant pas vsé de la
mesme liberté ils se sont proposé seu-

lement de faire des discours sur les
pensées de quelqu'vn de ces principaux & plus excellents Autheurs
qu'ilsont entreprisd'expliquer.Ain-
si Machiauel secretaire de Florence
n'a pas peu embelly Tite liue par ses
explications, Albericus Gentilis, a-
yant iustement dit de luy,qu'il n'a
pas faict le Grammairien , mais le
Philosophe lors qu'il a leu les Historiens. Ainsi Remy Florentin a trauaillé sur Guichiardin , & Calderinus sur Botero. Mais comme les oy-
seaux volent ordinairement aux
lieux où l'on espere vneplus grande
moisson,& que les hommes semblablement se portent auec ardeur aux
occasions doù ils se promettent reçeuoir plus d'honneur & de gloire ;
il se trouue aussi plus d'escriuainsqui
ont faict des commentaires sur Tacite, que sur pas vn autre Autheur,
mais entre tous ceux qui s'y sont employez,Scipion Amirato,Cauriana,
& le Comte de Maluesi , meritent
d'emporter la palme, car pour Gru-

therus & Forstenerus, ils ont employé dans leurs commentaires sur
Tacite, plus de doctrine qu'il n'estoit
seant à des Politiques. Au regard de
Paschal comme vn homme diligent
& exact, qui feroit voir les raretez
d'vn cabinet à des estrangers, il ne
faict pas profusion des secrets de cet
Autheur; mais il se contente de les
remarquer & de les monstrer seulement comme auec vne baguette.

Mais de sçauoir si toutes les choses que i'ay ramassées dãs ce traicté,
sont telles que ie les ay proposées,
c'est à vous à y prédre garde mõ tres-
sçauant Gaffarel, puis que vous pas-
sez à present vostre vie auec beaucoup de profit & de douceur dans la
plus fameuse Academie du monde,
en la compagnie de quantité d'hommes doctes, & dans vn lieu où il se
faict tous les iours vn tres-grãd commerce de toute sorte de liures. Pour
moy qui souffre vn exil volontaire
dans ce coing de la Romagne, dans
ceste solitude, & entre les marais &

les pins de Céruie, où ie ne puis
estre secouru d'aucuns liures, ny receuoir les conseils d'aucun homme
sçauant, que du seul Olingelandus,
ie pourrois auec raison vous escrire
ce qu'Ouide escriuoit à son amy.

> *Naso Tomitanæ iam non nouus inco-*
> *la terræ*
> *Hoc tibi de Getico littore mittit opus,*
> *Habitant que ie suis d'vn riuage bar-*
> *bare,*
> *Ie t'enuoye vn present qui n'aura rien*
> *de rare,*

Car il est vray que l'ardent desir que
i'ay eu de satisfaire à vostre volonté,
m'a tellement pressé, qu'au mesme
temps que ie l'ay peu faire, il a ex-
torqué de moy ceste petite narratió,
en laquelle s'il y a quelque chose
d'escrit trop à la haste, & auec trop
de precipitation, & quelque chose
d'impur, de mal poly, & de negligé;
ou qu'en lisant vous vous apperce-
uiez que i'aye encore oublié quelques autres choses, ou que ie me
fois trompé, i'espere que vous m'ex-

cuferez, & que vous le pardonne-
rez à vne perſonne, que vous auez
excitée par de ſi puiſſans eſguillons,
à compoſer cét ouurage.

FIN.

LETTRE
DE M. GROTIVS
A MONSIEVR DV MEV-
rier , Ambaſſadeur pour le
Roy en Hollande.

MONSIEVR,

Tandis que ie taſche à prendre le
temps de faire vne courſe vers vous,
pour ſatisfaire à ce que n'agueres ie
vous auois promis, ie ſens que les
iours ſe paſſent, & diuerſes affaires
ſuruenantes les vnes ſur les autres,
dont le nombre s'eſt encore augmē-
té par mon abſence de ceſte ville,me
font meſme de plus en plus perdre
l'eſperance de pouuoir bien toſt vous
aller voir. Ces remiſes veritablemēt
commencent à me deſplaire,& bien
que ie croye qu'eſtant en voſtre pre-
ſence, & ſi cela ſe feuſt peu faire, a-
yant en noſtre compagnie le Prince

L iiij

des esprits Monsieur Heinsius, il
m'euſt eſté plus facile de vous expo-
ſer mes ſentimens, & conferant mes
penſées auec les voſtres & les ſien-
nes, d'en former quelque harmonie
plus agreable ; neantmoins ie n'ay
pas eſtimé qu'il feuſt à propos, que
mon retardement vous fiſt perdre dauantage de voſtre temps, puiſque
c'eſt pour trouuer les moyens de
vous l'eſpargner que nous
uions deſtiné cét entretien. I'aime
donc mieux, puis qu'il eſt neceſſaire de faire l'vn ou l'autre, vous payer
moins que d'eſtre plus long temps
voſtre redeuable, à cét effect, i'ay
mis dans ceſte lettre, ce qu'il euſt
mieux valu vous exprimer par le diſcours, vous proteſtant ſi ie manque
en quelque choſe de le corriger de
viue voix à la premiere occaſion. Il
eſt vray, lors que ie cõſidere qui vous
eſtes, que i'aurois tres-grande raiſon de m'excuſer de vous donner des
conſeils, & meſmement en ce qui eſt
de vous monſtrer le chemin que vous

deuez tenir en vos estudes. Mais vostre authorité me pardonnera si ie
fais icy quelque chose mal à propos,
me persuadant mesme que ie com-
mettrois vn plus grand crime, en ne
vous obeïssant pas, que si ie faisois
quelques fautes, me mettant en deuoir de vous obeïr. Ie considere dõc
troischoses au conseil que i'ay à vous
donner, vostre aage, vostre charge,
& vos occupations. Pour ceux qui
ont beaucoup du temps de leur vie à
demeurant, qui sont les arbitres de
leurs affaires, qui cherchent principalement dans les lettres les agreables diuertissemens, & des ornemés
à leur vie priuée, il n'y a rien qui puisse empescher que l'on ne les promé-
ne, & que l'on ne les conduise pas à
pas par toute sorte de plaisans des-
tours, pour les faire entrer dans les
delicieux iardins de toutes les disci-
plines. Mais vous qui desia estes vn
peu aagé, & qui estant esleué en vne
haute dignité, deuez beaucoup de
vostre temps à vostre Maistre, vostre

diligence, & le cours de vos estudes doiuent estre renfermez en vn cercle plus estroit, & vous estes obligé de prendre plutost les chemins les plus courts que les agreables ; vous ferez donc tres-sagement de vous ressouuenir, que vous estes Ambassadeur, & de destiner à la fonction de ceste charge tout ce qui sera de vos estudes, à dessein d'vser des lettres, plutost que d'en esperer vne pleine iouïssance. Voila pourquoy la Philosophie estant diuisée en contemplatiue, & en actiue, vous vous deuez principalement donner à la derniere, & ne vous arrester à l'autre, qu'autant qu'elle peut seruir à celle-cy ; l'instrument commun à toutes les deux, c'est la Logique, par laquelle il est raisonnable de commencer. Ie ne desirerois pas que vous l'allassiez chercher dans Aristote luy mesme, car cela seroit trop long, & il s'y rencontre par tout beaucoup de choses, de nul, ou de peu de profit. Il suffira que vous en

lisiez quelque abregé, comme pourroit estre celuy de du Moulin, ou de
Crellius; en telle sorte pourtant que
celuy qui vous aidera dans vos estudes, ayant plus de loisir que vous, li-
se cet excellent maistre de cet art, &
vous faire le rapport de tout ce qu'il
y aura trouué de plus beau; ainsi vne
heure ou deux que vous employerez
à l'entendre vous feront recueillir le
fruict de beaucoup dauantage de
temps qu'il y aura consommé. Ce
que ie vous dis touchant la Logique
i'entends que vous le pratiquiez en
tous les autres arts, en toutes les
sciences, voire mesme en tous les liures; commandant à vostre lecteur
de fueilleter les meilleurs Autheurs
& d'en recueillir par le menu les plus
belles choses pour vous les presenter
par apres toutes à la fois, & vous les
faire voir assemblées comme en vn
monceau. Apres la Logique doit suiure la Physique, à laquelle il ne faut
pas aussi que vous vous arrestiez lõg-
temps, l'allant apprendre dans les li-

ures d'Ariftote, quelque Autheur
qui en aura efcrit fuccinctement &
clairement, pourra femblablement
vous y feruir auec beaucoup d'vtilité, & pour le prefent il ne s'en pre-
fente poinct que ie puiffe pluftoft
vous recommander que noftre Iac-
chæus. Mais comme en la Logique il
n'y a rien qui ferue dauantage que
les figures des Syllogifmes & les reigles des Topiques; auffi dans la Phyfique il ne fe trouue rien de plus excellent, ny de plus conuenable à la
fageffe morale que la partie qui traicte de la nature & des fonctions de
l'ame; voyla pourquoy ie fuis d'aduis
que vous ne paffiez pas legerement
fur ces parties là, mais que vous vous
y arreftiez & les examiniez auec vne
plus exacte diligence que toutes les
autres. Ie vous confeillerois encore
apres la Phyfique de goufter vn peu
de la Metaphyfique c'eft à dire de la
premiere Philofophie, & pour y prendre quelque gouft de lire le liure de
Timplerus qui n'eft ny trop long ny

ttop obſcur. Mais ie crains d'eſtre
trop prodigue de voſtre temps, voila
pourquoy ie paſſe à la Philoſophie
actiue, dont la premiere partie eſt la
Morale, & l'autre la Politique. Et
pour ce que vous ne voulez pas vous
contenter de les effleurer ſeulement,
mais que vous voulez puiſer iuſques
au fond ; il faut que vous liſiez Ariſtote comme le plus excellent Maiſtre que vous puiſſiez choiſir pour vous
les enſeigner: entre les Morales, que
l'on a publiées ſous ſon nom, celles
qu'il adreſſe a Nicomachus ſont les
meilleures; pour ce qui eſt des Politiques, nous n'en auons qu'vn œuure de luy; vous deuez donner charge à voſtre lecteur de vous rapporter ſommairement tout ce qu'ont eſcrit ſur ces liures les plus ſçauans interpretes; mais il faut que vous y re-
marquiez, principalement en la Morale, les differentes ſectes des Philoſophes; quels ont eſté les ſentiments
de Pythagore, quels ceux des ſeueres
Stoiques, ce que l'on a tenu dans la

vieille & dãs la nouuelle Academie,
& quelles opinions sont sorties du
iardin d'Epicure; car l'ignorance
de ces choses faict que l'on rencontre de grandes obscuritez dans les liu-
resdesanciens,&que l'on pert toute l'vtilité que l'on en pourroit retirer. Et de crainte d'estre ennuyé par
vne trop exacte, & trop facheuse lecture d'Aristote tout seul,vous pourrez entremesler quelques petits li-
urets qui auec vn tres-grand profit
ne vous apporteront pas peu de plaisir. Entre ceux là vous auez premierement les Autheurs qui ont escrit
les preceptes qui concernent les
mœurs,par sentences & par aphoris-
mes,comme l'Autheur de l'Ecclesiastique & de la Sapiëce,Theognis,
Phocilide, celuy qui a faict les vers
dorez que l'on attribuë àPythagore,
& l'Enchyridion d'Epictete. Celuy
la pourra contribuer beaucoup de
belles choses à l'intelligence de ces
deux liures qui sont fort petits veritablement,mais qui ont esté haute-

ment loüez & estimez des anciens:
qui se donnera la peine de lire ce
qu'a faict Hierocles sur les vers dorez, & Arian par qui Epictete a esté
enrichi d'vne plus ample interpretation. Mais il ne faut pas laisser le diuin Theophraste, qui seul nous est
demeuré de tous ceux qui ont excellé dans le genre d'enseigner que les
anciens appelloient caracteristique,
si ce n'est que l'on vueille mettre en
ce rang les poëmes moraux comme
sont quelques tragedies choisies
d'Euripide, les comedies de Teren-
ce, & les discours, ou sermons d'Horace, dans lesquels liures les ieunes
escholiers remarquent vne chose, &
les hommes faicts y en admirent vne
autre; la pureté & la beauté de la langue plait aux premiers ; & les autres y voyent comme dans vn miroir
la vie, & les mœurs des hommes; si ces
assaisonnements de la Morale n'e-
stoient pas suffisans, i'y adiousterois
les offices de Ciceron, dont le liure
pour estre ordinairement entre les

mains de tout le mõde n'eſt pas eſtimé ce qu'il vaut. Et encore les Epiſtres de Seneque, & les Tragedies
qui ſe liſent ſous le meſme nom ; a-
uec quelques traictez , fort courts
mais tres excellents de Plutarque.
I'adiouſteroisde la meſme façon aux
Politiques d'Ariſtote quelquesopuſ-
cules d'vne fructueuſe brieueté cõme ſont les tres excellentes Eclo-
gues Politiques de Polybe, la haran-
gue deMecenas & d'Agrippe,à Auguſte, laquelle ſe trouue dans Dion,
& les Epiſtres de Saluſte à Cæſar : il
ne ſera pas non plus hors de propos
d'y adiouſter de Plutarque, les vies
de ceux que l'on ſçait auoir excellé
en la prudence Politique comme
celles de Pericles, de Catõ, des Gra-
ches,de Demoſtené de Ciceron:l'on
ne tirera pas peu d'vtilité ſemblablement des Epiſtres que le meſme Ciceron a eſcrites à Atticus, & à quelques autres; pourueu que vous ayez
vn interprete ſçauant en l'hiſtoire
Romaine, & principalement en ce
qui

qui eſt des temps qu'elles ont eſté eſcrites. Car il n'y a point de liure, qui mieux que celuy-là, puiſſe monſtrer comme il faut appliquer les preceptes generaux aux hypotheſes particulieres. Sur tout ie vous recommande de lire la Rhetorique d'Ariſtote, mais d'vn autre ordre que le vulgaire n'a de couſtume, ſçauoir apres les Ethiques & les Politiques; ce grand homme par qui tous les arts, & toutes les ſciences ont reçeu leur perfection, ayant biẽ reconnu, que pour perſuader efficacement, il en falloit auec adreſſe tirer les moyens de la morale, & de la Politique, & pour recognoiſtre comme l'on ſe ſert des preceptes, ie conſeillerois de lire certaines oraiſons de Demoſthene & de Ciceron, non pas celles qui regardent les affaires du bareau; mais celles qui cõcernent les matieres publiques, cõme ſont leurs Philippiques, les O-lynthiaques du premier: celles pour la loy de Manilius, & de la loy Agrai-

re du second, & quelques autres
semblables. Ceste courte acheuée,
il n'y a rien que ie vous doiue recommander à l'esgal de l'estude du
Droict, non pas de ce droict priué, ou
des particuliers dont viuent les Pra-
ticiens & les chicaneurs; mais du
droict des gens, du droict public,
que Ciceron appelle la science excellente, & qui consiste comme il
dit, aux alliances, aux pactions, aux
accords des peuples, des Rois, des
nations, bref au droict de la guerre,
& de la paix; l'on apprendra des liures des loix de Platon & de Ciceron, comme les principes de ce
droict doiuent estre tirez de la Philosophie Morale. Mais il suffira pour
ce qui est des liures de Platon, d'en
lire seulement quelques sommaires;
l'on ne se repentira pas aussi d'entre
les Scolastiques, sinon de lire, au
moins de se faire reciter la substance
des liures de la somme Theologique
de S. Thomas seconde seconde, où
il traite de la iustice & des loix. Mais

l'vfage s'en apprendra mieux dans le premier & le dernier liure des Pâdectes, & dans le premier & les trois derniers liures du Code de Iuftinian. Il y a peu de Iurifconfultes de noftre temps, qui fe foient employez a eferire des controuerfes du droiet des gens, & public. Voila pourquoy Vafquez, Hotoman, & Gentilis, qui en ont traité en doiuent eftre plus confiderables. Ayant donc l'efprit rempli de toutes ces difciplines, il n'eft pas croyable, quels fruits vous pourrez puis apres recueillir de la leeture des hiftoires: car cognoiffant les preceptes communs, les maximes ordinaires, & le genre des queftions, qui ont accouftumé de fe faire, il vous fera tres facile de plaçer les exemples en leurs fieges propres; foit que voftre memoire puiffe fuffire à cela, foit que pour la foulager vous ayez befoin de faire quelques briefues remarques. Pour lire l'hiftoire auec proffit, il fe faut premierement mettre deuant les yeux, com-

me vne peinture vhiuerſelle de toute la terre, auec vn crayon, & vne
table generale de tous les temps, &
lire les Autheurs qui ſommairement
ont eſcrit les principales choſes qui
ſont arriuées dans le monde, comme Iuſtin, Flore, & celuy qui a faiɛt
l'abregé de Tite Liue. Au ſurplus
pour ce qui eſt de lire les hiſtoires,
i'aime mieux que vous ſuiuiez le
mouuement de voſtre eſprit, que les
methodes ſcrupuleuſes, & penibles
que l'on en a faiɛtes. Ie ſçay biē qu'il
n'y en a point qui n'ayent de grandes vtilitez; mais les choſes que
nous liſons auec liberté, s'imprimēt
bien plus profondement, & demeu-
rent bien plus long temps en la memoire. Et neantmoins pour vous
donner en cela vne reigle generale,
il me ſemble qu'il vaut mieux ne cō-
mencer pas par les plus anciennes
hiſtoires, mais par celles qui tou-
chent de plus pres à nos temps, &
qui approchent le plus de noſtre cognoiſſance, remontant peu à peu

aux Autheurs, & aux temps les plus
esloignez de nous. Il ne faut pas semblablement oublier pour l'histoire
Romaine, qu'il y a plus de profit à
lire les historiens Grecs, que les Romains, veu que les estrangers sont
plus soigneux de remarquer, & de
mettre par escrit les mœurs, les cou-
stumes, & les ceremonies publiques,
que ceux du païs. Mais nous ne mã-
querons pas d'occasion de parler
quelque iour ensemble de toutes ces
choses-là. Voila pourquoy ie feray
mieux de rompre le fil de ce discours
de crainte que vous figurant auec
trop de soin, quelles doiuent estre
vos estudes, ie peche contre vos estudes mesmes, desquelles il n'est pas
permis de rien retrancher, que le
temps que vous employez au seruice
du Roy Tres-Chrestien, & pour nostre Republique. Ie prie Dieu Monsieur, qu'il vous veuille long-temps
conseruer pour le bien de nos deux
nations : & afin que vos tres-gene-

reux deſſeins puiſſent auoir vn heureux ſuccés, qu'il luy plaiſe vous
donner les deux appuis d'vn bon eſprit, vne parfaicte ſanté, auec vne
fortune durable. De Roterdam le
13. May 1615.

EXTRAICT D'VNE LETTRE

*du Sieur Ignace Haniel I. C. au sieur
Iean Vvitten, Conseiller à Meclebourg, tirée du mesme liure touchant
l'estude de la Politique.*

IE loüe vostre façon de viure, &
n'ay iamais estimé, si vous en exce-
ptez celle qui s'occupe aux choses
sacrées, qu'il s'en puisse trouuer vne
plus excellente: soit que vous regar-
diez la fin de la profession que vous
auez choisie, soit que vous en consi-
deriez la matiere, ou bien que vous
examiniez les choses mesmes aus-
quelles elle consiste, n'aduouerez
vous pas qu'elles sont si releuées,
que les Princes ont tousiours voulu
la posseder, & que pour ce sujet Platon n'a pas craint de l'appeller la
science Royalle, comme si elle estoit
propre & qu'elle deust seulement
apartenir aux Roys, aux Princes, &
aux grands personnages ; mais vous

faictes tres bien reietant les inuentions des Autheurs modernes de
prendre le seul Aristote auec Platon
pour vos guides, vous assurant toutefois que vous ne serez point de faute
si vous leur donnez pour compagnõs
les liures de Moyse, des Iuges, des
Roys, de la Sapience, voire mesme
tous ceux qui generalement sont
contenus dans le volume de la Bi-
ble. Car il est vray, que tous ces liures monstrent comme au doigt les
exorbitances qui se trouuẽt en quelques poincts de la sagesse des Payés,
la retenant mesme comme dans les
bornes de la droicte raison, & faisant voir à ceux qui la considerent de
plus pres comme elle s'accorde merueilleusement bien auec les oracles
de la sagesse diuine. Pour ce qui est
des autres escriuains qui de nostre
memoire ou de celle de nos Peres se
sont efforcez de faire de nouuelles
Politiques du tout contraires aux
preceptes de ces anciẽs Philosophes,
ie ne m'en mets nullement en peine,

& n'en fais aucun eſtat. Car que voit on en leurs liures que ces ſophiſmes vulgaires qui ont eſté reietez, & bannis de toutes les Republiques les mieux policées. Comme pour exemple, que le Prince ayant à choiſir des Conſeillers ne doit pas prendre des hommes eminents en ſciences, & en vertus, mais ſeulement des perſonnes deſprit & de vertus mediocres. Qu'il ne ſe doit pas porter trop ardément à fauoriſer les lettres. Que pour ſe deſcharger de l'enuie du ſãg qu'il auroit faict reſpandre il doit auſſi faire eſpancher celuy de ſes Miniſtres. Par ce que l'or, l'argent, & les autres richeſſes ſont dommageables aux Princes & à la principauté, qu'il leur doit oſter l'honneur, & en empeſcher l'vſage. Qu'il doit opprimer les plus illuſtres familles afin d'exceller par deſſus les autres, par l'abondance ſoit des amis, ſoit des richeſſes. Qu'il doit entretenir des eſpions aupres des grãds pour luy rapporter tout ce qui ſe dit & tout ce qui ſe faict chez

eux. Que pour la crainte du mal non
pas seulement a pparent & eminent,
mais mesmes soubçonné , il se doit
resoudre à faire mourir les innocens.
Quand il est question de faire des
confederations, des ligues & des alliances, d'auoir plustost esgard au
party le plus heureux & le plus puissant, qu'à celuy de qui la cause est la
plus iuste, se ioindre tousiours du co-
sté du plus fort, lors que deux partis
inegaux querellent ensemble ; lors
qu'ils sont esgaux, à celuy qui est le
plus aduantageux. Oster les priuile-
ges & les immunitez aux villes, &
rongner de si pres les plumes aux su-
jets qu'elles ne puissent pas facile-
mét renaistre. Qu'il faut que le Prince, s'il n'est pas entierement bon, ne
soit pas entierement meschant. Que
le Prince qui ne se sert pas de la fraude, n'est qu'vn enfant, ou qu'vn ieune
adolescent qui sort de l'escole, &
des exercices. Qu'il ne se doit pas
fier à personne, n'y ayant à la Cour
aucun amy fidelle. Qu'il ne doit

point garder la foy à ſes ſuiets rebel-
les; mais qu'il les doit tromper, &
leur fauçer la foy en quelque façon
que ce ſoit. Que c'eſt vn bon dol,
qu'il doit receuoir àportes ouuertes,
deuant auec les renards faire ſemblablement le renard. Que ce qui
pour l'ordinaire eſt reputé deshonneſte, n'eſt pas deshonneſte quand
il y va de l'vtilité de la Republique.
Ce que Baſile approuue en ſes Prouerbes; comme par la fraude les
Royaumes ſont deſtruits, qu'il eſt
permis auſſi de les conſeruer par la
fraude. Et ſix cens autres ſemblables
maximes dites & redites à pleine
bouche par P. Airaut, par I. Lipſe,
& par tout plein d'autres, leſquelles
ne ſont pasplutoſtprononcées qu'elles ſont refutées. Et que i'ay touſ-
jours tellement deteſtées, que ie n'ē
ay iamais peu ouïr parler ſans hor-
reur. Ie ſçay bien comme l'ayant appris parvne longue experience,pour
auoir frequenté auec quantité de
grands perſonnages, & par vne con-

tinuelle lecture, que dans les cours
des Princes l'on tient toutes ces maximes, comme de grands secrets
d'Estat. Et que c'est sur elles comme
sur de veritables principes, & sur de
solides fondemens que sont bastis &
appuyez tous les conseils, & toutes
les deliberations qui se font des affaires publiques. Maximes toutesfois
qui nous deuroient estre iustement
suspectes, non seulement pour ce
que ayant esté puisées dans des sour-
ces pestilentes & corrompuës, elles
sont contraires aux sainctes escritu-
res, & aux preceptes de ces excellens Politiques, en comparaison desquels ces petits Politiques icy pourroient estre pris pour des singes; mais
aussi pour ce qu'elles viennent de
certains païs, qui pour auoir esté
gouuernez par ces maistres Politiques, seruent d'vn spectacle horrible
des iugemens de Dieu, ayant esté
desolez par le fer, & par les flâmes, &
se trouuant à present reduits à vne
extreme seruitude. Et quoy que ces

exemples là se puissent voir par tout,
neantmoins ceste nouueauté nous
plaist si fort, que nous la tenons comme vn precieux Thresor, & ainsi que
l'on dit, comme vn second Euan-
gile, qui iusques icy ayant esté in-
connu à tout le monde, est tombé
du Ciel en nostre siecle, pour estre
reçeu par ces nouueaux Promethées.
Enfin comme vn tableau de Phidias.
il n'a pas plutost esté veu qu'il a esté
approuué, & communiqué au mon-
de aucugle, comme vn present tres-
vtile, & tres-aduantageux à tout le
genre humain. Et lors que par hazard nous auons trouué les Autheurs, & les liures de ceste doctrine dans les plus rares Bibliotheques
d'Italie, d'Espagne, & de France,
nous croyons estre montez au Ciel,
& nous sommes si soigneux de les
conseruer, que nous les enfermons
estroitement dans nos maisons,
& les serrons dans des sacs, auec la
mesme passion que les auaricieux
cachent leurs richesses, & tout cela

de crainte qu'ils neviennentà la cõ-
noiſſance de nos voiſins ; & afin que
l'on croye que ceſte admirable
ſcience, dont nous nous vantons
chez les autres, procede comme
d'vn threſor caché dans noſtre cerueau. Ie ne ſçay ſi ie dois nous appeller ſimples, puis que nous ſouf-
frons que ces eſprits rafinez qui n'i-
gnorent pas noſtre legereté, nous
en faſſent accroire ; ou bien ſi ie dois
dire que nous ſommes des glorieux,
qui pour ne paroiſtre pas eſtre de
la famille de celuy de Plaute, pour
ſouſtenir le party de ces excellents
interpretes , par ie ne ſçay quel
mauuais genie, combatans contre la
verité, nous mettons en eſtat de perdre noſtre foy, noſtre reputation &
noſtre ame tout enſemble. Ie ſou-
haiterois ſeulement vne choſe à ces
ambitieux qui veulent que l'on les
eſtime plus ſages que les autres, c'eſt
qu'ils euſſent leu Platon & Ariſtote,
& tous ces autres Philoſophes & hi-
ſtoriens des ſiecles plus polis qui

leur semblent si mesprisables; car ie
iure qu'ils y trouueroient dequoy
contenter leurs desirs demesurez &
leur ambition & dequoy s'esleuer par
dessus les autres ; non pas par vne
vaine, mais par vne tres-solide cru-
dition. Estant certain que la lecture
de ces anciens Autheurs est maintenant si peu commune, que l'on les
peut considerer comme des liures
qui n'ont iamais esté, ou qui sont tout
nouuellement publiez. Entre autres
ils aprendront de ces Autheurs, que
les choses qu'ils admirent tant, ne
sont pas nouuelles, mais qu'elles sõt
empruntées & prises d'ailleurs, & auãt
que Theognis naquist qu'elles e-
stoient desia cognues à tout le monde : comme il se peut voir dans l'on-
ziesme chapitre du cinquiesme liure
des Politiques d'Aristote, où elles sõt
proposées. non pas comme des moyens necessaires à conseruer vn Estat
legitime, mais comme des remedes
qui s'employent ordinairement a
maintenir la tyrannie. Voyla pout-

quoy ie n'appelle iamais ce chapiſtre
autrement & aſſez à propos ce me
ſemble que l'abregé du Machiaueliſ-
me, & le breuiaire de tous ceux qui
le pratiquent. Mais ie me reſiouis de
ce que vous haiſſez & que vous eſtes
tres - grand ennemy de toutes ces
damnables propoſitions, recognoiſ-
ſant qu'il n'y a point d'autre chemin
pour aller à la grandeur que celuy
de la pieté, & de la iuſtice, puis que
c'eſt par ceſte route là que Cyrus &
Alexãdre diſciple digne d'vn ſi grãd
Maiſtre, & tãt d'autres illuſtres per-
ſonnagesſõt arriués à l'immortalité,
& qu'ils ont ietté les fondements de
leurs tres - grands Empires : là où
au contraire, l'on n'a iamais veu perſonne deuenir grand en pratiquant
les preceptes qui s'apprennent dans
vne eſchole ou l'on ne faict leçon
que des vices. L'on peut hardiment
receuoir pour patron d'vne exellen-
te Republique celle de Rome
comme elle eſtoit quelque peu de
temps apres ſon eſtabliſſement, quoy
qu'à

qu'à son commēcement & inconti-
nent apres son institution & sa fon-
dation il s'y soit rencontré beaucoup
de vice comme l'enseigne tres-bien
Paul Paruta, qui seul est considera-
ble entre tous ceux qui ont escrit de
la Republique. Car pour ce qui est
des escrits des autres, ils ne sont que
ce que porte leur titre, de purs Discours. Au surplus vous vous donne-
rez bien de garde, voyant icy quelques hommes vertueux, d'inferer de
là que nous sommes dans vne forme
parfaicte de gouuernement : au
contraire vous deuez imputer au
merite de ces grands personnages
s'il s'y est faict des actions dignes de
memoire & d'imitation. Il y a peu
(encore ne concernent elles que les
affaires de la guerre) de ces actions
la qui procedant de la composition
& de la forme de nostre Republique,
meritent d'estre tirées en exemple.
&c.

FIN.

N

Table des Autheurs inserez par le S.
Naudé dans sa Bibliographie Politique, distribuez selon l'ordre des matieres qui y sont traitées.

Pour la morale les anciens Autheurs qui
en ont escrit sont.

Aristote.
Platon.
Theophraste.
Seneque.
Aphrodisée.
Epictete.
Les Autheurs compris sous le tiltre
de Compendium vitæ & mortis.
Les liures de Salomon.
Les Prouerbes.
L'Ecclesiaste.
La Sapience.
Et l'Ecclesiastique qui les accõpa-
gne.   Les Modernes.
Alouardus Gualandus.
Frãçois & Alexãdre les Picolomini.
Du Vair.
Coeffeteau.

Montagne.
Pitard.   Charon.
Marandé.
Sebaſtianus Foxius.
Louis Viues.
Eraſme.
Pontanus.
Thomas Campanella.
Altiſius Luſinus.
I. Lipſe.
Vincent de Beauuais.
S. Thomas.

*Commentateurs des anciens Autheurs
des Morales.*

Simplicius.   Arianus.
Iuſtus Volſius.
Auguſtinus Maſcardus.
Euſtatius.
Aſpaſius.
Bernardus Felicianus.
Andronicus Rhodius.
Olympiodorus.
Daniel Heinſius.
Aben Rois.
Auguſtinus Niphus.
Albert le Grand.

S. Thomas.
Ægidius Romanus.
Burleus.
Gerardus.
Odonus.
Buridanus.
Iauellus.
Vatable.
Lambin.
Perionius.
Faber Stapulensis.
Argyrophilus.
Donatus Acciaiolus.
Ioachimus Camerarius.
Zuingerus.
Simon Simonius.
Petrus Victorius.
Obertus Giphanius.
Muretus.

Pour l'Oeconomie.

Xenophon.
Aristote.
Leonardus Aretinus.
Caton.
Varron.
Palladius.

Columelle.
Conſtantinus.
Ludouicus Septalius.
Cardan.
Autheurs pour l'eſtude de la Politique.
Moyſe.
Platon.
Ariſtote.
S. Thomas.
Cyriacus Strozza.
Leonardus Aretinus.
      Des Republiques.
Ciceron.
Plutarche.
Heraclides.
Hieroſme Vida.
Franciſcus Patricius Señenſis.
François Patrice Romain.
Fritſius.
Simanca.
Molinier.
I. le Frere de Laual.
Maximes Politiques de Moyſe.
Caſtalion.
Nicolaus Buſius.
Augerius Fererius.

Gregorius Tolofanus.
Paul Paruta.
Iean Bodin.
Fabius Albergatus.
De Serres.
I. Lipfe.
Timplerus.
Kekermanus.

Politiques imaginaires.
Thomas Morus.
Thomas Campanella.
Mercurius Britannicus.

Cōmentateurs des Politiques d'Ariſtote.
S. Thomas.
Nicolas Orefme.
Ioannes Buridanus.
Faber Stapulenfis.
Genefius Sepulueda.
Camerarius.
Giphamus.
Daniel Heinfius.
Zuingerus.
Petrus Victorius.

Commentateurs des liures Politiques de Platon.
Antonius Montecatinus.

Sebastianus Foxius.
Pompeius Gariglianus.
Interprete & cõmentateur François des
liures Politiques de Platon & d'Aristot.
Louis le Roy.
Autheurs des matieres particulieres de
la Politique.
De la naissance & decadence des Estats.
De Lusinges.   Duret.
Louis le Roy.
Vn Autheur Italien.
Metodius.
Lazius.   Bozius.
De la conseruation des Estats.
Synesius.
Isocrate en quelques Oraisons.
Agapetus Diaconus.
Dion Chrysostomus.
Herodes Sophista.
Themistius.
Aristides.
Maximus Tyrius.
Iean Botero.
Hieronymus Fracetta,
Gabriel Zinarus.
Ludouicus Septalius.

N iiij

Scipio Claramontius.
Administration extraordinaire & se-
cretce des Estats.
Clapmarius.
Machiauel.
Gaspard Schioppius.
Cardan.
Federic Bonauenture d'Vrbin.
Vn nepueu du precedēt Autheur.
Ludouicus Septalius.
Titus Corneus.
Naudé.

De la Religion.
Autheurs qui ont faict comparaison des
Religions les vnes auec les autres.
Pierre d'Ailly.
Cardan.
Bodin.   Postel.

De la Religion des Turcs.
Postel.
Baudier.
Augerus Busbequius.
Ricoldus ou Richardus.
Ioannes Andreas.
L'Alcoran.   La Suna.

De la Religion des Iuifs.

Liranus.
Samuël.
Riccius.
Hieronymus de Sancta fide.
Philippes de Mornay.
Coſtus.
Delphinius.
P. Galatin.
Raymond de Sebonde.

> De la Religion Chreſtienne.

Laſtance.
Minutius Felix.
Arnobe.
Theodoret.
Saluian.
S. Thomas.
Thomas Bradvuardinus.
Hierofme Sauanarolle.
Marſile Ficin.
Louis Viues.
Auguſtinus Steuchus Eugubinus.
Petrus de Aliaco.
Raymond Lulle.
Raymond de Sebonde.
Petrus Montuus.
Hugo Grotius.

Des hereſies.

Louis le Roy,
S. Hillaire.
Philaſtrius.
Perpinianus.
Alphonſus à Caſtro.
Vvorſtius.
Florimond de Raymond.
Son Continuateur.
Caſſander.
Melchior Canus.
Des confederations & alliances.
Brunus.
Botero.
Emeric de la Croix.
Baudius.
Puteanus.
Le Guay.
Du Ferrier.
Polibe.
Guichiardin.
M. de Thou.
Pour le commerce.
A Coſta.
Garcias Abhorto.
Ceſi.

Georgius Agricola.
Ferant Imperat.
Gesner.
Bœtius de Bohoot,
Lucas de Pætis.
Cænalis.
Garrandus

 De la paix & de la guerre.
Hugo Grotius.

 Guerre contre les Turcs.
Augerius Busbequius,
Lazarus Saranzus.
Botero.
Le sieur de Breues.

 Contre les Espagnols.
Baltazar.
Iulius Cerius.
Thomas Campanella.

 Contre les Heretiques.
Claude de Saintes.
Louis d'Orleans.
Gaspard Schiopius.

 Des Rangs & sceances.
Chassanée.
Tiraqueau.
Valdesius.

Viualdus.
Ioannes Feraldus.
André du Chesne.
Autheur Alemand.
Godefroy.
Paris de Grassis.
De l'accroissement des Estats & Citez.
Botero.
Hippolitus à Collibus.
Des Tributs.
Scipion de Grammond.
Du poinct d'honneur.
Flaminius Nobilius.
Typotius.
Simon Simonius.
Bernard de la Mirande.
I. Baptiste Posseuin.
I. Baptista Susius.
Antonius Massa.
Des duels.
Petrus Montuus.
Sauaron.
Mutio Iustinopolitano.
Baptista Olcuanus.
François de Birague.
Fabius Albergatus.

Alciat.

Pour l'instruction des Roys.
Claudian.
Porphyrius Optatianus.
Sidonius.
Tous les Panegyristes.
S. Thomas.
Ægidius Romanus.
Niphus.
Machiauel.
Erasme.
Ozorius.
Foxius.
Nata.
Omphalius.
Vvimphelingus.
Mambrinus Roseus.
Frachetta.
Lelius Marettus.
Bellarmin.
Ribad eneira.
Scribanius.
Balzac.

Liures composez par les Princes.
Manuel Palcologue.

Basile Empereur.
Charles Empereur,
Louis IX. Roy de France.
Philippes II. d'Espagne.
Paul. III.
Gregoire V. Pape.
Constantin Porphyrogenete.
Iules Cæsar.
Antoninus.
Autheurs qui ont escrit des Apohtegmes.
Anthoine Panorme.
Æneas Siluius.
Galeotus Martius.
Autheur Italien.
Plutarque.
Licostenes.
Erasme.
Autheurs qui ont escrit les vies des grands Princes.
Alphonce Vlloa.
Philippes de Commes.
Pierre Mathieu.
Barlette.
Pour l'instruction des Ministres & premierement des Fauorits.
Iean de Cassa.

Camillus Baldus.
Anthoine Perez.
Lelio Maretti.
Ascanius Philomarinus.
    Des principaux Ministre.
Camillus Baldus.
L. Italien *del parlar senatorio.*
Louis Viues.
Gabriel Paleotus.
Gabriel Zimarus.
Hipolitus à Collibus.
Simon Starouolscius.
     S'ils sont Cardinaux.
ndreas Auria.
  ius Albergatus.
Hierominus Platus.
Polcatus.
Cortezius.
Generalement pour tous les ministres.
Pierre Matthieu.
    Pour les Ambassadeurs.
Crates.
Phalercus.
Carolus Paschalius.
Puteanus,
Federicus Mercelerjus.

Octauianus Magius.
Autheur sans nom.
Conradus Brunus.
Ioannes à Cockier.
Anastasius Gemonius.
Scipion Gentilis.
Canonherius.
Gaspard Bragaccia, &c.
Les liures de negotiations & les
relations d'affaires d'Estat.

Pour les Secretaires.

Augustinus Datus.
Sanzouinus.
Ingegnerus.
Pamphilus Persicus.
Baptista Guarini.
Zinarus.

Liures de lettres.

Balzac.
Marcassus.
De Launel.
Bembo.
Visdominus.
Guidicione.
Bernia.
Bonfadius.

Lanfranco,

Lanfranco.
Peranda.
Pour les chiffres.
Iean Baptiste de la Porte.
Blaise de Vigenere.
Iacques Gohori.
Ericius Puteanus.
Triteme.
Gustauus Selenus,
Traiĉtez & discours Politiques.
Thresor Politique.
M. de Villeroy.
Du perron.
Mornay.
De Launel.
Lettere di Principi.
d'Ossat.
De la ciuilité & de l'entregent.
Galateo.
Ciceron.
Ficin.
Guazzo.
Nicolas Caussin.
Alexandre Picolomini.
Fabricius Campanus.
Anthoine Gueuarre.

Reinardus Castorius.

Pour la Cour.
Balthazar Chastillon.
De Refuge.
Canonherius.
Cognoissance des hommes & de leurs hu-
meurs.
Scipio Claromontius.
Cardan.
Humeurs des Peuples.
Hippocrate.
Albert le Grand.
Iean Bodin.
Federicus Bonauentura.
Garcias.
Sforstianæ quæstiones.
Iean Barclay.
Autheurs pour cognoistre le naturel
d'vn chacun en particulier.
Par la Physionomie.
Aristote.
Adamantius.
Polemon.
Augustinus Niphus.
Camillus Baldus.
Barthelemy Cocles.

Taiſnierus.
Petrus Montuus.
Baptiſte de la Porte.
Timplerus.
Moldenarius.
Goclenius.

Par la Chiromancie & Metopoſcopie.

Antiochus Tybertus.
Tricaſſe.
Indagine.
Coruus.
Samuël Fuchſius.
Cyrus Spontonus.
Taddæus Hageccius.

Par d'autres ſortes d'arts diuinatoires.

Aldoriſius.
Camillus.
Baldus.
Melampus.
I. Baptiſte de la Porte.
Ludouicus Septalius.

Par les geſtes & le maintien.

Nicolas Cauſſin.
Cardan.
Autheur Italiē de l'Arte de Cēni.

Pour connoiſtre les Eſtats.

Botero.
Samsouino.
Estats, Empires, & Principautés.
Vbertus Folieta.
Nicolaus Contarenus.
Donatus Iannotus.
Les liures des Royaumes & des
Republiques imprimez chez les
Elseuiers.
Pour acquerir la prudence necessaire au
Politique, par l'Histoire.
Methode de la l'ire.
Iean Bodin.
François Patrice.
Posseuin.
Lucian.
Bocalini.
Bernartius.
Maccius.
Bennius.
Augustino Mascardi.
Historiens qui doiuent estre leüs par l s
Politiques.
Paul Æmile.
Petrus Bembus.
Leonardus Aretinus.

Pandulphus Collenutius.
Iouianus Pontanus.
Polidorus Virgilius.
Paulus Iouius,
Guicciardin.
M. de Thou.
Philippes de Comines.
Tucidide.
Polibe.
Saluste.
Tite Liue.
Tacite.

Histoires curieuses & secrettes.
Procopius.
Mathæus Paris.
Theodoric de Nihen.
Petrus de Alliaco.
Clemengis.
Machiauel.
Conclaues.
Histoire du Concile de Trente.
Histoire scandaleuse.
Memoires de Charles IX.
Memoires de la Ligue, &c.

Genealogies.
André du Chesne.

Amirato.
Samfouino.
Fuluius Vrſinus.
Anth Auguſtinus.
Ricardus Steuinus.
Zazzera.
Reuſnerus.
Lieux communs pour les Politiques.
Danæus.
Sanſouinus.
Anthonio Perez.
Guicciardin.
Rictherus.
I. Cockier.
Louis le Roy.
Traictez de matieres Politiques.
Paul Paruta.
Marnix.
Frachetta.
Verulamius.
Marettus.
Zuccolus.
Picardus.
Iunius.
Scherbius.
Bocalini.

Commentaires d'Autheurs Politiques.
Machiauel fur Tacite.
Remy fur Guicciardin.
Calderinus fur Botero.
Amirato.
Cavriana.
Maluezzi.
Grutherus   } fur Tacite.
Forftnerus.
Pafchal.

FIN.

www.ingramcontent.com/pod-product-compliance
Ingram Content Group UK Ltd.
Pitfield, Milton Keynes, MK11 3LW, UK
UKHW021515090726
13657UKWH00001B/256